乡村教师专业发展的关键路径
——县域实践与行动研究

王大新　陈鹏飞　著

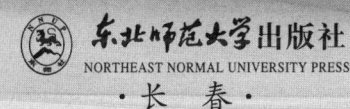

图书在版编目（CIP）数据

乡村教师专业发展的关键路径：县域实践与行动研究 / 王大新，陈鹏飞著. --长春：东北师范大学出版社，2025.6. -- ISBN 978-7-5771-2580-0

Ⅰ.G451.2

中国国家版本馆 CIP 数据核字第 2025LK8823 号

□责任编辑：张晓方　　□封面设计：方　圆
□责任校对：庞　博　　□责任印制：侯建军

东北师范大学出版社出版发行
长春净月经济开发区金宝街 118 号（邮政编码：130117）
电话：0431—84568164
网址：http://www.nenup.com
东北师范大学音像出版社制版
吉林省优视印务有限公司印装
长春市净月小合台工业区银湖路 1188 号（邮政编码：130031）
2025 年 6 月第 1 版　　2025 年 6 月第 1 次印刷
幅面尺寸：169mm×239mm　　印张：13　字数：217 千
定价：56.00 元

前 言

教师是教育发展的核心力量,只有形成高素质的教师队伍,才能保证高质量的教育。在教育强国建设背景下,高素质乡村教师队伍是发展更加公平、更有质量的乡村教育的基础支撑,是抬高底部、扩优提质、推动均衡的重要支点。打造一支"招得来、下得去、留得住、教得好、发展快"的乡村教师队伍是乡村教育高质量发展的底层逻辑。

我国长期客观存在的城乡二元结构体制,使得城市和乡村在一定程度上形成了两个相对独立的"教育圈",这在很大程度上制约着乡村教育的持续向上发展。在影响乡村教师队伍建设的各种因素中,专业发展受限的短板效应尤为突出,已经成为乡村教育高质量发展的主要影响因素。随着城乡教育一体化国家战略的实施,县域乡村教师专业发展的高质量支持体系的构建日渐完备,以教育家精神为引领,培养造就师德高尚、业务精湛、结构合理、充满活力的高素质乡村教师队伍的实践路径愈发明显,这既是教育强国建设的题中应有之义,也是教育强国建设的奠基性工程。

在 20 多年的教科研和教师培训职业生涯里,在县域乡村教师专业发展的漫漫长路中,我不是冷眼旁观的看客,也不是"惊鸿一瞥"的过客,而是他们艰辛而又幸福的成长过程的见证者。对于乡村教师,我始终秉持一种质朴的理念和真挚的情怀:我就是他们成长过程中的参与者、合作者和支持者。我也一直怀揣一种执着的信念:专业关注、全心服务、品质提升和引领绽放。

如何提升县域乡村教师孜孜育人的专业素养，激发他们深耕厚植的教育热情，寻绎高质量专业发展的理想图谱和现实通路，已成为当今基础教育改革与发展过程中的重要课题，也是必须回答的时代之问。如果说作者于2023年出版的著作《乡村良师的炼成——教师专业发展共同体路径研究》是从"共享·共生·共赢"生态型县域乡村教师专业发展共同体建构的视角进行宏大"叙事"、中观"描摹"和微观"精绘"的话，那么，《乡村教师专业发展的关键路径——县域实践与行动研究》这本著作则完全从方寸之间、细微之处进行了对教育教学的理性思考和实践探索。"微入宏出"是本书的底色和基调，也是作者用心、用情、用力的着眼点和落脚处。作者倾心关注县域乡村教师这个群体，深度聚焦他们鲜活生动的育人经验和实践智慧，见微知著，揭示乡村教师专业发展的深层内涵和关键路径。

本书的逻辑起点是关注乡村教师的日常教育教学生活，从他们教育教学实践的点点滴滴中发掘专业成长中的睿智与坚韧。我们融入他们的生活，聆听他们的故事，走进他们的课堂，感受他们的忧乐。从一堂课的教学设计到一次家访的难忘记忆，从一次研修活动的积极参与到一个评价结论的真实给出，这些看似微不足道的教育细节，却是乡村教师专业发展的真正硬核支撑。正是通过对这些"微而不凡，简而有道"细节的捕捉，才真正展现了乡村教师在成长过程中面临的真实挑战，同时彰显了他们在挑战中不断进行探索、创新与突破的志向与憧憬。每一位乡村教师都是一本厚重的书，他们的教育梦想、教学实践、成长之路，构成了朴实无华而又具有情感张力的乡村教育图景。

乡村教育的振兴有赖于每一位乡村教师专业素养的提升，乡村教师专业发展是一项经久而艰巨的任务，不仅关乎学生个体的成长，更关乎乡村教育的未来。我们希望通过这本书，能够为乡村教师专业发展提供一定意义上的理论指导和行动指南，并能够唤起更多人对乡村教师的关爱，助力乡村教师队伍建设，为乡村教育注入新的活力。在本著作的撰写过程中，作者离不开众多乡村教师的倾心相助，他们慷慨无私地分享了自己的教育教学经验和专业成长故事，使我们深刻体悟到乡村教师专业发展的复杂性、隐蔽性和长期性。在此，我谨向所有为本书做出积极贡献的教育界同行者致以最诚挚的感谢。

本著作各章撰写情况如下：王大新撰写第一章、第二章、第三章和第五章，陈鹏飞撰写第四章。

王大新
2025 年 3 月于阜阳

目录

第一章 综合育人——乡村教育守望者的温暖修行 / 001

一、班级文化建设：乡村孩子欢乐的精神家园 …………… 003

二、家校协同共育：乡村孩子成长之困也是解困之答 …… 016

三、主题活动开展：乡村孩子站在学习舞台中央 ………… 024

第二章 课堂教学——乡村教室里的别样风景（上）/ 033

一、教学目标重建：逻辑起点 ……………………………… 035

二、教学资源重组：内容择取 ……………………………… 046

第三章 课堂教学——乡村教室里的别样风景（下）/ 059

一、教学过程重构：行动建模 ……………………………… 061

二、教学标准重塑：好课智慧 ……………………………… 082

第四章 教学评价——乡村孩子成长的多元标尺 / 091

一、更新价值理念：评价不单纯是甄别和选拔 …………… 093

二、创新方式方法：多把尺子就能多批"好孩子" ………… 115

三、优化作业设计："小"作业担当大使命 ………………… 129

第五章　校本研修——乡村教师专业发展的远行之力 / 153
　　一、价值取向：以发展为核心的扎根式研修活动…………… 155
　　二、路径依循：源于实践，寓于实践，归于实践…………… 162
　　三、体系支持：构建多元开放的校本研修联动体…………… 182

参考文献 / 198

第一章　综合育人

——乡村教育守望者的温暖修行

教师综合育人能力是指教师在教育教学过程中，利用课程育人、活动育人、管理育人等多元化育人策略和方法，根据学生的个体差异和需求，灵活调整教育方式，帮助学生在德、智、体、美、劳各方面得到有效提升的能力。综合育人能力是一个多维度的能力体系，要求教师不仅具有扎实的专业知识，而且具有良好的道德修养、情感智慧和管理能力，通过不断提高这些能力和素养，教师可以更好地履行育人使命，促进学生健康成长和全面发展。教师的综合育人能力不仅体现在学科知识的传授上，更体现在对学生全面发展的关切和引导上，除教学能力外，还包括以德化人、班级管理、情感关怀、沟通协作、文化审美等方面的能力。

　　与城市学校尤其是城市优质学校的教师相比，乡村教师的育人环境呈现了极大的差异性，办学条件、师资队伍、社会环境和特殊教育生境直接影响着乡村教师育人理念和路径的选择，尤其是中西部地区乡村学校，这里的孩子相当一部分都是留守儿童，这些孩子的父母常年在外，他们往往只有爷爷奶奶或外公外婆隔代亲人养教分离式的陪伴，学校教育对他们的成长来说显得尤为珍贵。这也对乡村教师的育人能力和素养提出了超出一般意义的要求，他们不仅是教而育之、渡而化之的"摆渡人"，更像是"麦田里的守望者"，是乡村庠序之光的点亮者，他们在潜心修己中用智慧"渡人"。

第一章 综合育人
——乡村教育守望者的温暖修行

一 班级文化建设：乡村孩子欢乐的精神家园

班级是学校中由一定数量的学生组成的集体，是学校教育体系中最基本的组织形式和单位，是中小学生最重要的学习场域，也是彰显师生魅力、体现师生气质的生活空间和文化载体。班级文化是在班主任的引领下，由班级师生团队在互动交往中创造出来的物质财富和精神财富的总和，是独特的理想信念、价值取向、思维方式、行为准则及物质表现等要素的组合，它包括班级制度文化（班规公约）、物质文化（环境布置）、行为文化（言行举止）、精神文化（班级认同）等。班级文化具有长期性、持续性和发展性的特点，是一个班级在长期发展过程中形成的独特价值观、行为规范、学习氛围和集体精神的综合体现。班级文化的本质是隐性课程，其通过潜移默化的方式培育学生的素养，是影响学生成长的重要教育力量。每一种班级文化都有其重要的价值和意义，都发挥着无可替代的作用，在班级文化建设的过程中，物质文化是载体，制度文化是保障，行为文化是关键，精神文化是目标，它们相互交织、和谐共生，共同构建出独特的班级文化。

乡村学校，尤其是一些乡村"微校"，班级的规模、组成和功能都具有简单而复杂、显明而隐蔽等特点，班级文化建设也就有了浓郁的乡村地域特色，但其本质依然是乡村教师和孩子们共同构筑的欢乐的精神家园。

 （一）班级文化建设的价值内涵

班级文化是班级管理的灵魂，是学校文化建设的着力点，是学校德育工作的重要载体，也是学生成长过程中终身受益的精神沃土，它如春风化雨，在润物细无声中滋养着学生。作为一种柔和而又刚劲的教育力量，良好的班级文化是学生发展的内核动能，是学生身心成长的良好体验场，可以为学生的知识习得、能力提升和人格塑造提供有力支撑和可靠保证。

1. 增强班级凝聚力，形成温暖的团队氛围

良好的班级文化可以使班级成员相互吸引、相互信任、相互合作、相互支持，形成共同的目标和价值观，学生能感受到集体的温暖，在心理上产生归属感、认同感、责任感和集体荣誉感，从而增强班级的向心力和团结力。良好的班级文化具有很强的驱动功能，有助于学生形成积极的学习态度，激发浓郁的学习兴趣和强大的学习动力，有助于建立和谐互动的生生、师生关系，营造积极向上、互帮互助的学习氛围，推动班级目标的有效实现。良好的班级文化还具有规范和同化功能，能为学生提供特定的行为准则，以使学生形成一定的思维方式，并通过隐性的方式对成员进行监督，使学生在耳濡目染中，自觉地与班集体的要求相一致。

公平学校的刘老师在打造班级特色文化、激发学生班级自豪感、增强班级凝聚力方面做了很多有益的尝试，并取得了良好的效果。为了增强班级的凝聚力和向心力，他和孩子们把班级当成家来用心经营。刘老师和孩子们一起商讨，最终将班名确定为"黄金战舰"，并共同设计班旗、班徽、班印，选定班歌，构建了班级"黄金"主题文化——阅读黄金屋（引领阅读）、矢志黄金台（树立理想目标）、跻身黄金席（评优表模）、点石成金处（形成方法、习惯）以及满城尽带黄金甲（综合板块）。鲜明的班级文化使孩子们有了满满的获得感和存在感，他们也因生活在"黄金战舰"这个班级中而无比自豪。

汤沟小学是一所村小，每个年级只有一个小班，但教师们并没有因为学校和班级规模小而"小瞧"自己,而是打造了充满诗意的"小而美"的班级特色文化。在班级文化建设过程中,教师们想到了汉乐府《长歌行》中的诗句:"青青园中葵,朝露待日晞。阳春布德泽,万物生光辉。"校园里的孩子们也正如葵菜一样向阳而生。"青"有年纪轻、充满朝气、青春永驻之意,所以,师生通过协商,把每个班级名字的第一个字确定为"青",使各班形成了"青字六兄弟"。一年级的小朋友满脸稚气,既淘气又可爱,所以将班级取名为"青豆班";二年级的学生如种子出土,长成禾苗,故将班级取名为"青禾班";三年级的学生如小小的嫩苗茁壮成长,生出藤蔓,所以将班级取名为"青藤班";四年级学生意气风发,一心向着目标努力,故将班级取名为"青葵班";五年级学生有闯劲儿、有志向,坚韧不拔品质高,故将班级取名为"青竹班";六年级少年自有凌云志,班级取名为"青云班"。各班级教室内和走廊里的文化墙设计也都体现了六个年级、六个班级的风格特质:低年级的文化墙设计以卡通形象为主,图文并茂;中年级的文化墙设计以文字为主体,辅以精美的图画;高年级的文化墙设计以阅读为核心内容,凸显传统文化。以五年级的文化墙设计为例:走廊的外墙上开辟了"好书推荐"专栏;教室内的黑板上张贴了班务栏,后面墙壁的空白处书写了体现学生内心追求的"志存高远"几个大字;"翰墨书香"专栏则为学生提供了名人名言,让学生学习、记忆。明亮的教室被布置得墨宝飘香、文化溢彩,既有现代艺术气息,也有古典文学之美。

2. 引导学生进行自我管理,激发个性发展的内驱力

积极的班级文化具有规范学生行为的导向功能,能够通过明确的规范和价值观,帮助学生建立身份认同,培养责任感与合作意识,助推学生养成良好的行为习惯,引导学生明确行为边界,加强自我管理,学会自律,减轻教师的管理压力,提升管理效率;同时,具有创新功能,能够尊重学生个性特长,激发学生发展的内生动力,促进学生自我认知和自信力的提升。丰富多彩的班级活动和良好的文化氛围能激发学生的学习热情，为学生提供展示才华的平台，增强学生的自信心和成就感。在班级文化建设过程中，班主任通过特色活动拓展教育边界，鼓励学生密切关注社会问题，培养学生的社会责任感和勇于担当的精神。班级文化建设不是由班主任一人主导的，其一定是学生能够认可的，并且是师生在共同成长的过程中协同创造出来的。

杜寨小学地处四镇毗邻、两市接壤的位置，离老庙镇中心学校近10千米，距离最近的集市也在600米之外。刘老师所带的五年级有20个孩子，都是留守儿童。刘老师在这所村小任教并担任班主任期间，因地制宜、因人制宜，组织了丰富多彩的班级活动，打造了积极向上的班级文化，使这些留守儿童在活动中走向美好。刘老师有一个育人的基本信念：活动远比空洞的说教要有效得多，教育中出现的问题，都交给活动去解决。以下是两个片段，它们呈现了刘老师以活动引领班级文化建设的教育智慧。

你的奖状等着你去书写。登上光鲜亮丽的领奖台是很多孩子藏在心里的梦想。刘老师觉得，必须让孩子们都有这样的机会，否则，登不上领奖台会是孩子们求学道路上的一种遗憾。于是，刘老师就给他们每人发了一张奖状，鼓励孩子们根据自己的实际情况，确定一条特长发展路线，可以是文明礼貌、孝敬双亲、关心集体、热爱劳动、助人为乐……刘老师让孩子们在接下来的日子里努力做得更优秀，并做好相关记录。到学期结束之前，如果学生觉得自己可以问心无愧地获得这张奖状，就带上自己的空白奖状和记录材料找刘老师。刘老师组织班委会成员对材料进行评审，评审通过后由刘老师来填写奖状。为了把事情做得更有意义，刘老师决定给孩子们设计一个更高规格的仪式：在开家长会的时候，请校领导和家长参与，给获奖的孩子颁奖。这下，孩子们都有了目标，班级氛围也得到了明显改善。

在活动中正行正言。留守儿童的生活在一定程度上是乏味的，应该用适当的活动来充实，让他们在活动中强健体魄、调节心理、提升能力、端正行为、享受快乐。刘老师和另外几个班主任商量组建了"童蒙诵读社""童声合唱团""童乐折纸班""童趣贴艺坊""童星腰鼓队"等社团，在固定的时间、固定的场地，由固定的指导教师带领孩子们开展相关活动。听孩子们认真地背诵《弟子规》、深情地齐唱《送别》时，看着孩子们灵动地制作《月光下的农家女》《孔雀开屏》等贴画作品时，真让人感到震惊和兴奋。老师们开设了九个有关体育和艺术的兴趣小组，这九个兴趣小组的活动不再是一个班、两个班的学生的事，而是覆盖了全校，每周二下午第二节课的体育社团活动和周四下午第二节课的艺术社团活动，是孩子们尤其期盼的开心、快乐的时光。

3. 提供积极的情感支持，营造健康的心理环境

班级是学生生活的物质空间，也是学生成长的精神场域。良好的班级文化能够为学生提供情感支持，对学生产生巨大的感召力，能够滋养学生的心灵，帮助学生应对压力。积极的文化氛围有助于促进学生的心理健康发展，使学生的心灵和人格在潜移默化中得以成长，促进德行的完善与发展。

班级文化对学生的心理健康有着深远的影响，良好的班级文化能有效促进学生的心理健康，给学生带来积极的情绪价值，而不良的班级文化可能对学生的心理健康产生负面影响。关心学生心理健康的教师能营造具有支持性的环境，帮助学生应对心理问题，减少学生的心理困扰。因此，教师尤其是班主任应重视班级文化的建设，营造积极的、具有支持性的环境，帮助学生健康成长。具有接纳和支持性的班级文化有助于学生增强归属感和安全感，减少孤独感和焦虑感，缓解心理压力；鼓励学生积极表达和参与班级事务的班级文化有助于学生提升自尊和自我认同感；温暖有力的班级文化能帮助学生更好地应对压力，提供情感支撑，有助于学生调节情绪，减少郁闷与压抑的情绪反应；充满合作与尊重的班级文化有助于学生建立健康的人际关系，减少冲突，避免导致学生人际关系紧张，影响心理健康。

马老师是一位从外省考到安徽的村小教师。她对乡村孩子的心理健康问题十分关注，在班级文化建设中，她努力创造温馨从容的育人环境，让美好的教育触手可及。马老师为守护孩子心灵的绿洲、点亮孩子的幸福之光做出了细致入微的实践探索。以下是她精心育人的点滴经验。

马老师所带班级的很多孩子来自单亲家庭，这对孩子的成长影响很大，部分孩子缺失父母的关爱，暴力倾向较严重，因此，马老师认为应该开设心理健康课程，但乡村学校又没有专职的心理健康教师。怎样才能成为一名合格的乡村教育"摆渡人"呢？这一直是马老师思考和探索的课题。班上有一个调皮捣蛋的孩子，上课时总是好动，坐不住，不管老师怎么批评他，他就是不听课。他经常在座位上唱歌、撕纸、传纸条等，并且喜欢与其他学生说话。有一次，马老师来到班里之后，发现黑板上画了一匹马，在画的旁边还写了一个"驾"字，马老师气得火冒三丈，但看到全班学生都在看着自己，于是便控制住自己的怒火，问这是谁画的。这名学生一点儿也不怕，懒懒散散地站起来了，趾高气扬地说："是我画的。"马老师心里更生气了，但冷静三秒后，他说："请全班同学给这个敢作敢当的好孩子鼓掌。"班里响起了掌声，这个学生露出惊讶的表情。马老师接着说："你这匹马画得真好，这是你的闪光点，但旁边这个字写得不是很漂亮，还要多多练字呀！"课后，这名学生告诉马老师，自己从小到大很少受到别人关注，他想通过在课堂上捣乱来引起老师的注意。马老师告诉他："今天虽然你故意气老师，老师却发现了你的特长，老师还想让你找到自己更多的长处，在学习上自信起来。"从那以后，师生的距离越来越近，关系也越来越融洽。

第一章　综合育人
——乡村教育守望者的温暖修行

有一名留守学生，爸爸妈妈都在外打工，他跟着年迈的爷爷奶奶一起生活。由于长期缺乏父母关爱，他的性格有些孤僻，总是独来独往。为了解决孩子的心理问题，马老师和孩子的爸爸妈妈约定共同关心孩子。在课后，马老师会以朋友的身份与他聊天，询问他的饮食起居和学习情况，与他分享生活趣事，并且会时不时买些水果给他吃。马老师还会定期拍一些孩子在学校的照片发给他的爸爸妈妈。他的爸爸妈妈会定时打电话给他，听他讲讲学校里发生的趣事，让他知道爸爸妈妈虽然不在家，但一直在关心他。由于受到马老师和家长的关爱，孩子慢慢地变得开朗了许多，也变得乐于助人、积极参加集体活动了。

农村留守儿童多，乡村教育面临因家庭教育缺乏而导致厌学、辍学学生逐渐增多的问题。班里一个留守家庭的孩子是十分典型的学困生，而且性格孤傲，做错事情后不愿改正，对教师表现出十分强烈的排斥态度，与同学也不能处好关系。马老师多次找他谈话，面对老师的批评教育，他向来都不屑一顾，最后发展到了厌学的境地。有一天，马老师偶然发现他在操场上打扫卫生时很认真负责，当时恰逢学校进行优秀班级评比，于是马老师就请他当卫生委员的助理，协助卫生委员做好环境卫生，为班级争光。在他和同学们的共同努力下，班级赢得了优秀班级流动红旗。之后，马老师告诉他，学习和打扫卫生是一样的，需要认真、细致、坚持；并请其他教师多关注这个孩子的学习，根据学情，专门帮他制订了详细的学习计划；对于他所取得的成绩和进步，马老师及时给予表扬和鼓励，并且第一时间告诉他的父母。有一天，马老师接到了孩子妈妈的电话，她在电话里泣不成声，激动地告诉老师，她对孩子又有了信心，也看到了家庭的希望。

（二）班主任是班级文化建设的领航者

班主任职权不大，但责任重大，是学校教育的核心力量，既是班级管理的首要责任者,也是学生成长的引导者、家校沟通的桥梁与纽带。从角色定位来看,班主任是教育者,除承担学科教学任务外,还承担着德育、心理健康教育等任务,以促进学生全面发展;班主任是管理者,他们统筹班级日常事务,维护班级秩序与安全,培养学生的规则意识、责任意识和集体荣誉感;班主任是协调者,他们联结学生、家长、科任教师及学校管理层,协调各种教育资源和力量,形成教育合力;班主任是成长导师,他们关注学生个体发展,关心每个学生的思想、心理、学习和生活状况,平等对待每个学生,尊重学生人格,进行有针对性的教育,提供个性化的指导。

班主任应该具备较高的综合育人素养。一是具有德育意识和德育能力。树立德育为先的理念,掌握学生品行养成的特点和规律,以身作则,以品德示范,成为学生道德行为的榜样,帮助学生树立正确的人生观和价值观;有意识、有针对性地开展德育活动,帮助学生养成良好的行为习惯。二是具有班级管理能力。掌握班集体建设、班级教育活动组织的方法;熟悉有关教育教学及学生成长、生活等方面学校制度的制定,能合理分析并解决教学与管理实践的相关问题;能利用信息技术手段收集学生成长过程中的关键信息,建立学生成长电子档案;能运用信息技术辅助开展班级指导活动,有效管理班级纪律,维护良好的班级秩序,通过班级文化建设,增强班级凝聚力;能关注学生的个体差异,因材施教,帮助每个学生发挥潜能;能建立平等、信任的师生关系,营造和谐的班级氛围。三是具有良好的沟通与协作能力。能掌握人际沟通的基本方法;能运用信息技术拓宽师生、家校沟通交流的渠道,积极主动地与学生、家长、社区等进行有效交流;能与家长保持良好的沟通,形成家校共育的合力;能与其他教师合作,共同解决班级教育教学中的问题;能与学生友好沟通,善于倾听学生的想法,及时反馈,帮助学生解决问题。四是具有心理辅导能力。关注学生心理健康,具备基本的心理

第一章 综合育人
——乡村教育守望者的温暖修行

健康教育知识,掌握基本的心理辅导方法;具有同理心,了解学生身体、情感方面发展的特性和差异性,能够识别学生的心理问题,在学生遇到困难或挫折时,能够给予学生适当的情感支持和鼓励,指导学生学会应对学习和生活中的压力,保持积极的心态。

乡村学校教育环境的特殊性对班主任素养提出了别样的要求。乡村学校的学生大多数是留守儿童,他们可能需要面对更多的家庭和社会问题,因此,班主任应给予他们更多的关心和支持,帮助他们克服困难。不同学生的家庭背景和生活环境各异,班主任应具有足够的耐心、爱心和责任心,包容学生的差异,公平对待每一名学生,不偏袒、不歧视学生,确保每名学生都得到平等的教育机会,并帮助他们找到适合自己的发展路径。乡村学生家长的教育观念可能较为传统,班主任应通过有效的沟通,使家长理解和支持学校的教育工作,更应该启发学生及时说出自己的想法,同时善于倾听学生的想法,及时了解他们的需求和困惑,建立良好的师生关系。乡村教育环境相对艰苦,班主任可能需要面对资源匮乏、学生基础薄弱等问题,因此,需要具有良好的心理素质和较强的抗压能力。乡村教育资源有限,班主任应具有创新精神,充分利用有限的资源开展多样化的教学活动,激发学生的学习兴趣。优秀班主任须做到"三要三不要","三要"即要目中有人——接受每一名学生的不同,要手中有法——拥有解决问题的教育智慧,要心中有爱——心怀教育热情与温暖;"三不要"即不要独断专行——无视学生的创造力,不要乱贴标签——用成见评价学生,不要单枪匹马——拒绝多方力量协同。

董庄小学的李老师谈起自己的教育过往的时候,其真诚中饱含深情:

今年是我在村小工作的第 5 个年头,我虽然进步很慢,像蜗牛一样,但依然在不停地努力。孩子们大部分都是留守儿童,他们的父母为了生计长年外出打工，因此孩子们身上有很多不良习惯，如不讲卫生、自由散漫、缺乏自信等。对学生的爱其实就表现在与孩子们交往的琐碎日常中，比如：帮孩子们剪指甲、扎辫子、系鞋带等；每逢节日，利用班会时间介绍节日的由来，组织孩子们制作节日卡片并互相赠送；组织孩子们在夏季一起欣赏荷花，观察莲蓬，在秋日里捡拾落叶，绘制图画；倾听孩子们的心声，鼓励他们大胆表达自己的想法。对我来说，教育可能就是日复一日、年复一年地重复昨天的故事，陪伴孩子们成长，再目送他们离开，既不会有可歌可泣的动人事迹，也不会有灿烂辉煌的精彩瞬间。其实，教育也不必装饰成豪情万丈的伟岸，孩子们需要的是温暖的力量，阳光普照世间万物时，它并不在意每朵花儿是否都能散发浓郁的芳香，它所钟情的是能不能给花儿最温柔的抚摸。

王台小学吴老师身边"青萝卜与皮球"的故事就是乡村班主任温暖教育最好的注脚。

我和孩子们迎接新年的游戏

时间过得飞快，转眼间我已经跟孩子们相处了四个月。不知不觉，元旦的脚步近了，我想带着孩子们一起做游戏，庆祝新年的到来。可是学校里什么器材都没有，我们该怎么庆祝呢？我一直在为孩子们过节时开展点什么娱乐项目而犯愁，在中午做饭的时候，我看见桌子底下还有两个萝卜，于是我就一边做饭一边在脑子里打萝卜的主意。吃过饭，我把萝卜切头去尾，准备带孩子们玩一个"萝卜抱"的游戏。当我把切好的萝卜放在头上的时候，感觉冰凉冰凉的，就在萝卜上裹了一层卫生纸……就这样，我们度过了一个愉快的下午。我觉得自己没有张老师写得那么伟大，我只是希望这群留守的孩子能够健康、快乐成长。

（案例创作：王台小学　吴培）

第一章 综合育人
——乡村教育守望者的温暖修行

青萝卜与皮球

一位刚从学校毕业的年轻男老师,一群一年级的乡村娃娃,一所条件简陋的偏远村小。说实话,如果不是亲耳听到,如果不是转述者王主任潸然泪下,我怎么也想不出这青萝卜能与皮球扯上什么关系。

这样的故事听着像虚构的,可它的确是真实的,就发生在我们的身边,发生在一位年轻老师的身上。

还能说什么呢?当我们想象这样的一种场景时,当我们想象这位老师的形象时,内心早已被一种无声的东西融化,这才是中国教师的精魂啊!不想去渲染,不想去夸大,面对这样的同行,自己只能肃然起敬,只能更马不停蹄地前行,只能一次次告诉自己:包着卫生纸的青萝卜都可以变成皮球来玩,我们的教育还有多少不可能啊?

(作者:张文芬)

(三)班级文化建设的三重困境

1. 文化建设的育人性有待加强

加强育人性是班级文化建设的首要任务,也是其区别于其他组织文化的最主要特征。但一些班级文化所承载的育人价值有待加强。班级文化建设中存在的问题主要表现为:一些班级文化建设随心所欲,目标制订不科学、不完整、不规范,导致学生没有明确的评价标准和努力方向;有些班级的文化建设形式单一或形式化严重,不能结合学生的兴趣和需求,未能真正融入学生的日常学习和生活,缺乏具有实质性的内容和意义,无法真正起到促进学生身心健康发展的作用;在班级文化建设过程中,学校未能充分合理利用自身和社会资源,尤其是在家校合作中，依然存在很多误区，家校双方缺乏有效沟通和合作，如家长参与度过低，家校合作意识缺乏，导致难以形成教育合力，或者是家长过度干预班级管理；一些班级文化建设的评价机制不够健全，未能建立科学的评价体系，缺乏科学的评估标准，难以有效衡量建设效果，更难以通过科学评价及时、动态地调整建设策略。

2. 文化建设的特色化程度有待提高

每个班级都应该有独具一格的文化氛围，这种独特性源于班级成员的性格、兴趣、经历等方面的差异，但在班级文化建设实践中，有些班级存在未能体现师生个性和班级风格的情况。班级文化特色欠缺的主要影响因素是：教师主导过度，忽视了学生的主体地位，使班级文化建设缺乏学生的积极参与和情感认同，或者只有少数学生有机会参与，大部分学生未能有效参与，导致文化建设成为"单向灌输"。

3. 文化建设的长期性有待保持

班级文化建设是一个具有长期性、持续性的系统工程，它需要经过长久的积淀。班级文化建设需长期投入，其核心在于唤醒学生的主体意识，让成长文化真正"活"在班级生活中。但一些班级文化建设缺乏系统性、持续性和长期规划性，有的班主任习惯随性而为，仅凭个人好恶开展活动，从而导致各阶段的教育目标和措施不明确。在乡村学校的教育资源，尤其是优质资源较为有限，班级文化建设长期缺乏保障性的情况下，班级文化的传承性、凝聚性和感染性的充分彰显更面临着巨大的挑战和压力。

班级文化是系统建构的复合体，其核心要素包括：由教室布置（如板报、创意墙、生态角等）、班级标志（如班名、班徽、班旗、班服等）、学习资源（如图书角、学习工具箱等）等组成的物质文化，由班规班纪（如班级公约等）、班级岗位分工（如班干部制度、值日制度等）、奖惩机制（如积分制、荣誉榜激励等）等构成的制度文化，由师生和生生互动、日常活动（如主题班会、经典共读、心灵驿站、班级新闻联播等）、学习习惯（如课堂专注度、参与度、纪律性、作业规范性等）等组成的行为文化，由班级目标与愿景（如班训、班级口号等）、核心价值观（如团结、进取、诚信、求真等）、集体荣誉感等构成的精神文化。优良的班级文化建设需要民主参与，共建共享，鼓励学生自主设计活动，如主题班会、文化节等；教师应以身作则，传递正确价值观，关注学生心理需求，增强学生的安全感与归属感，使学生在班级里感到被尊重，敢于表达不同观点；整合家校社各方资源，充分利用多元力量，形成协同育人机制；根据班级特点设计专属文化符号，如班歌、班级吉祥物等，开展长期的特色活动项目，如每日一善、图书漂流等，打造班级文化特色品牌。

"小小"班级文化集腋成裘，汇聚成整体校园文化。对于一些乡村"微校"来说，校园本身就是一个稍大一点儿的班级。文化是一所学校的灵魂，它凝聚了师生共同的价值观、信念、愿景和努力方向，是大爱无痕的浸润式教育，是育人之根本。文化表现在时时处处、人人事事上，有"滴水穿石，久久为功"的精神文化，有"张弛有度，人文关怀"的制度文化，有"每处风景都育人，每个标记都说话"的物质文化，有"眼中有光，行有力量"的行为文化。对于大部分学生为留守儿童的乡村学校而言，在班级和校园文化建设中，温馨班级和校园的打造更为重要。"蓬生麻中，不扶而直；白沙在涅，与之俱黑。"教师的一颦一笑、一言一行，都是一种"如盐入水，有味无痕"的无声教育和文化熏陶，乡村孩子在有温度、有关爱、有期盼、有未来的文化氛围里健康成长，进而有为。文化的温度是能够传递的，就像家庭环境对孩子的巨大影响一样，孩子在校园里感受到的温暖自然会以阳光般的童心体现，影响到家庭和亲人。学校通过良好的师风、教风和校风潜移默化地辐射、传递教育的正能量，改善孩子的学风，帮助乡村孩子"扣好人生第一粒扣子",再通过学风化育良好家风,进而培育文明乡风、淳朴民风,促进社会的和谐与进步。

班级文化建设没有"速成说",需要根植于教育日常,经过长期浸润才能达成;要协调班级一致性和学生个性发展之间的关系,避免确定单一的评价标准,而是使评价具有开放性和包容性;要合理利用数字化工具并发挥其在班级文化创造和传承过程中的特有价值,能根据发展变化动态调整班级文化的形式和内容。

面对数字文化的发展与学生个性化需求的增长,传统班级管理模式正在面临挑战,只有回归育人本质,激发学生的主体意识,才能让班级真正成为滋养生命的精神家园。班级文化不是喊出来的、评出来的、管出来的,而是在行动中生长出来的,价值观引领、师生共构、活动浸润是班级文化建设的核心实践路向。

二 家校协同共育:乡村孩子成长之困也是解困之答

好的教育要融合学校教育与家庭教育,二者只有做到相辅相成,进而相得益彰,才能为学生的成长提供全方位的有力支撑。从孩子的身心成长历程方面来看,家校协同可以更好地实现家庭和学校的教育资源共享,丰富学生的学习体验,确保教育的连贯性,提升教育效果;家长可以有更多的机会积极参与学生的教育,更深入地了解孩子的学习和成长情况,学校能够为家长提供指导,帮助家长提升教育能力。家校协同犹如沟通桥梁,有助于减少误解,形成合力,还有助于构建支持学生成长的社会网络,构建和谐的教育环境;能帮助学生在学校和家庭中保持学习的一致性,提升学业表现;家庭和学校双方共同引导学生,有助于学生形成良好的道德品质和行为习惯,双方共同关注学生的心理状态,及时提供支持,有助于实现个体的心理健康发展,进而促进学生全面发展。

乡村学校家校共育是指乡村学校与学生家庭建立紧密的合作关系,形成协同育人的"教联体",共同促进学生的健康、持续发展。因乡村学校学生成长环境的差异与学校教育资源的制约,家校共育在乡村教育中显得尤为重要,是乡村学校孩子成长过程中的关键之举,同时,要在困局中寻求实现乡村教育高质量发展的解困答案。

(一)乡村学校家校共育的特别挑战

家校协同育人是推动教育质量提升的关键环节,但在乡村学校教育实践中仍面临多重困境。这些困境不仅影响了学生的全面发展,也对乡村教育的整体质量提升提出了挑战,主要表现在以下方面。

留守儿童问题是家校共育环节中的重要问题。乡村教育主要承担从幼儿园到初中阶段,尤其是幼儿园到小学阶段的基础教育任务。这个时期是为孩子终身发展奠基的关键时期,对于这个时期的孩子来说,亲情的温暖与仁爱的滋养是比单纯的知识、技能传授更根本的教育。这个时期的孩子对父母和家庭有强烈的依恋感,这个时期有父母陪伴、有家校共育,才能切合孩子身心健康成长的需要和规律。但在我国一些经济欠发达地区,随着农村劳动力的大量外流,乡村学校的孩子大多数成为留守儿童,家庭教育的重任几乎完全由儿童的祖辈或其他亲属承担,这些监护人往往只关注孩子的生活起居,而忽视了教育和心理方面的引导,因此,许多孩子产生了性格孤僻、自卑、缺乏安全感、学习动力不足等问题。这些孩子长期缺乏父母的陪伴和关爱,作为"空巢老人"的爷爷奶奶往往又不具备进行辅导教育的能力,亲情互动极为缺乏。教师与很多孩子的父母之间还往往存在文化认知的"断层"和教育观念的"鸿沟",因此,家校协作育人的愿景往往难以实现。但恰恰就是这绕不开的客观现实才彰显了乡村教师强大的"微光"力量。例如,董庄小学的郭老师在留守儿童教育方面做了很多很好的实践探索,并取得了令人欣慰的效果。

郭老师所在的班级迎来了一名新学生小梓。小梓刚转来的时候,其表现很让人头疼,她既不写作业,也不认真听课,性格也让人感到捉摸不透。有一天上课时,小梓偷偷在下面玩小卡片,被老师发现并收走卡片后,她突然情绪失控,直接跑出了教室。郭老师急忙去拉她回教室,可小梓死死抱着楼梯的铁栏杆不放,并大声哭闹起来,哭声在整个校园回荡。郭老师和语文老师两个人一起拉她,都没能拉动。实在没办法,最后只能请来校长,才把小梓安抚到办公室进行教育。与她的奶奶沟通后,郭老师才知道她的家庭情况。原来小梓的父母离婚了,她的爸爸常年在外地,她从一年级就开始住校,因此极度缺乏家庭的关爱。郭老师与她奶奶沟通,说:"孩子自幼就住校,缺乏家庭温暖,家长每天来回接送,让孩子先适应一下好吗?"小梓的奶奶却坚决地说:"什么适应不适应的,就让她在这儿住到初中。"听到这话后,郭老师心里很不是滋味。有一次,小梓又不写作业,郭老师对她说:"什么时候写完什么时候去吃饭。"结果到了晚上六点,郭老师发现她还在教室里,连第一题都没写完,饭也没吃。当时食堂已经没饭了,郭老师实在不忍心看她饿着,就牵着她的小手去校外小吃街上吃了晚饭。从那之后,郭老师惊喜地发现,小梓逐渐愿意和老师交流了,有事没事就喜欢找郭老师说话,在课堂上的态度也有了很大转变。

家长教育观念的局限是家校共育的现实阻碍。许多家长教育理念落后,或存在观念偏差,或意识淡薄,存在"教育外包"心理,认为教育的责任全部在学校,而忽视了家庭教育的重要性。相当多的家长往往只关注孩子的考试成绩,而忽略了孩子的心理健康、品德养成和综合素质发展。一部分家长强调只要孩子在学校不犯错或不吃亏就行了，缺乏全面科学的育儿观。部分家长甚至认为读书无用，倾向于让孩子尽早出去打工，以减轻家庭经济负担。还有很多家长在家校共育过程中习惯于扮演沉默者或旁观者的角色，使家校互动推进难。家校共育需要教师和所有家长的积极参与，而不是教师或部分家长的独角戏。

协同能力欠缺是家校共育环节中的影响因素。乡村学校的教师与学生家长都在一定程度上存在家校协同育人能力不足的问题。从教师方面来说，随着时代的快速发展，家校共育对教师的综合素质提出了更高的要求，但乡村学校的很多教师在上岗前几乎未接受过这种专门系统的训练，在需要与家长进行互动育人时，不管是在专业知识方面还是沟通技能方面，都存在明显不足，况且，每个孩子来自不同的家庭，这些家庭的教育理念和方式差异很大。从家长方面来看，由受教育程度所限，家长往往缺乏专业、系统的知识指导，对儿童的身体、心理发展规律不了解，在教育孩子方面常常心有余而力不足，不能有效地对孩子进行教育指导，很难有效地参与家校共育，他们往往将孩子的教育完全托付给学校，甚至对孩子的学习过程不闻不问。由于双方沟通的不足，家长往往在参加学校育人活动时不积极，教师也缺少对家庭教育的指导，这致使家校协同难以有效开展。家校共育在一定程度上还存在关系不平等的现象，教师常常处于主导地位，家长更多的是服从而不是合作，在这样的家校关系基础上，教师和家长之间很容易产生误会和隔阂，这就降低了家长参与协同育人的主动性和积极性，在很大程度上影响了家校共育的效率和效果。

（二）乡村学校家校共育的精准策略

1. 增强价值认同，增进深度互信

人与人之间最高层次的关系是价值观认同，当价值观高度契合时，人们会形成一种深厚的情感纽带，互相尊重、理解和支持，还会建立共同的目标和信念。当价值观差异比较大时，双方要保持开放的心态，相互理解和尊重，存大同求小异。乡村学校家校共育过程中，价值认同是协同育人的前提和基础，也是教师和家长相互信任的基本保证。教师和家长都要以生为本，一切都是为了学生的全面发展和健康成长，学生就是家校沟通的焦点，尊重学生的人格和成长规律是家校双方沟通协调的基础。在相互信任的基础上，教师、家长和学生共同确定切实可行的发展目标，为学生的成长提供方向性指导。在很多情况下，教师和家长的矛盾冲突往往是由信息不对称和学校教育与家庭教育的边界不够清晰引发的，因此，教师和家长要真实、客观、翔实地向对方陈述相关信息，避免产生思维定式和偏见，这也是真正的深度互信，只有这样才能降低沟通成本，提高沟通效率，提升育人合力。

由于乡村学校教育的特殊性，很多家长对家庭与学校协同育人的理解并不全面，部分家长对自身教育孩子的能力缺乏信心，在孩子的教育方面，习惯于过度依赖教师。尽管部分家长认识到了家庭与学校间协作的必要性，但由于缺乏相关的实践经验，在与教师沟通的过程中往往会遇到困难，甚至不知道如何与教师进行有效的沟通。为应对上述挑战，在强化价值认同、增进互信方面，学校和教师应扮演积极主动的角色，学校和班主任应进行合理安排，定期举行线上或线下家校共育工作讲座和互动交流等活动，分享一些成功的家庭和学校协同育人的实例，围绕家长关于孩子教育方面的困扰生成话题，以满足家长的需求，回应家长的疑惑。相关话题包括：父母不在孩子身边时，怎么做好孩子的教育？孩子沉迷于手机等电子产品不能自拔时该怎么办？爷爷奶奶只会溺爱，不愿管教孩子，该怎么办？

班主任还要定期召开线下或线上讨论式家长会。每位家长都是平等参与教育的一分子，教师不应该是居高临下的说教者，而应该是组织者、倾听者、发布者，是孩子成长过程中各方资源的调度者。在双方交流的过程中，教师和家长共同发现问题、分析问题，并最终找出解决问题的方案，这样就可以激发家长的参与热情，并使其深刻体验到存在感和归属感，有助于家长树立家校共育过程中的主人翁意识。

2. 摸清孩子的"背景"，因生制宜进行共育

乡村学校孩子的学情和家庭背景有很多共性，但依然存在很多方面的差异，包括学习基础、学习能力、学习态度和方法等学情的不同，性格、爱好、志向等个性的不同，家庭结构、家庭氛围等成长环境及个人经历的不同，这些都会对家校共育产生很大的影响。班主任及相关教师应将这些基本信息进行收集并详细整理，为每个孩子建立学生成长档案。档案内容要全面、细致、真实，涵盖学生的品行表现、身心状况、兴趣特长、学业成绩等各个方面，这些内容不能仅仅由教师单方面收集获取，家长也要提供孩子在家的种种表现信息，教师和家长要通过多种途径及时准确地相互反馈和共享学生成长数据，加强透明化沟通，形成家校协同育人闭环。

正是因为每个孩子都是独特的，所以在摸清孩子"背景"的基础上，才能因生施爱，因材施教，针对不同孩子的特点，制定个性化的家校共育方案。对于经常犯错的孩子，要具有极大的耐心和恒心，做到既严格要求又真诚关爱，并给予他们信任和期待，要相信信任的力量。对于性格内向、不善交往的孩子，要以主动的姿态拥抱他们，打开他们的心扉，倾听他们的心声，了解他们的内心世界，努力成为他们的朋友。对于有独特个性的孩子，不能一味地束缚他们的天性，要学会尊重和理解，能够包容，让他们在民主、和谐的教育环境中健康成长。

从农村初中交流到杜寨小学任教的刘老师，在学期开始时，为摸清班里每个孩子的真实情况，开展了全面细致的家访工作，以下为他的教育叙事摘录：

我不仅走访了以前的班主任和任课教师，而且深入地去做家访工作，我用不到一个月的时间把班里孩子的家庭走访了一遍，就是通过这一遍家访，我对留守儿童生活的现状有了更深入的了解，也为这些孩子的处境感到深深的焦虑。到小豪的家里已经是晚上七点多了。敲开院门，一位六十多岁的老人把我迎进了屋里。还没等我说话，小豪的奶奶就一脸无奈地大倒苦水：三个儿子一个女儿的六个孩子都交给了她和老伴，他们每天起早贪黑，忙得焦头烂额。中午十二点半，我到了小飞家，却是"铁将军把门"。问其邻居，邻居得知我是老师，就打开话匣聊了起来。从聊天中我得知，小飞的奶奶喜欢打麻将，每天早晨把孩子送到学校后，给孩子丢下用于吃早餐和午餐的十元钱就匆匆去赶牌场了，每天很晚的时候，都要在孩子的等待与督促中才恋恋不舍地离开，麻将场俨然成了祖孙俩的第二个家……在走访过程中，我接触到了各式各样的家庭，感受到了孩子们缺失关爱，感觉到肩上的担子分外沉重。于是，在每周的班会上，我郑重地告诉孩子们："从即刻起，我不仅是你们的班主任，还愿意做你们的爸爸妈妈！"我决心尽力给他们更多的温暖和幸福。一个学期下来，不记得进行了多少次家访，不记得打了多少个电话，不记得开展了多少次活动，为了能让这些留守娃能更快乐、幸福一些，我醒时梦时都想着该为他们做点什么。

3. 优化实践路径，画好共育同心圆

因地制宜、因生而为是画好乡村学校家校共育同心圆的实践守则。在数字化时代背景下，家校共育正面临前所未有的挑战与机遇，也为打造高质量协同育人"教联体"开辟了新的跑道。

多维度、多层次的活动是激活家校共育能量磁场的重要承载。家校共育的活动形式是多种多样的，例如：家长会，包括每学期或每月定期召开家长会，教师向家长通报学生的学习和生活情况，家长提出意见和建议；主题家长会，教师和家长围绕特定主题展开讨论，以帮助家长更好地理解和支持孩子；家长开放日，教师定期开放课堂，邀请家长走进教室，观摩教学，了解孩子的学习环境和状态；家访，教师定期进行家访，了解学生的家庭环境和成长背景，与家长面对面沟通，制订个性化的教育方案；家长志愿者活动，邀请家长参与学校活动，如运动会、艺术节、社会实践等，家长可以作为志愿者协助学校组织活动；家校合作项目，家长和学校共同组织学生参与社会实践活动，如参观博物馆、进行社区服务、开展环保主题活动等；家校共育成果展示，家校双方定期在线上或线下展示家校共育的成果，如学生的作品展、家长的教育心得分享等，提升家校合作的成就感。每个家庭的教育方式不尽相同，学校和教师应正视差异，满足家长的个性化需求。

积极开展内容丰富、形式多样的亲子主题活动有助于拉近家校距离，增进家校情感联结，还能增加家长和孩子的亲密互动，使家长能够更直观地了解孩子，孩子在父母的关心和陪伴下成长，能够塑造积极向上的健康心态。亲子活动包括亲子运动会、亲子手工和亲子阅读等。例如，亲子阅读是家长和孩子一起阅读的活动，通过家长和孩子共同阅读书籍、讲故事或讨论书中内容等方式来培养孩子的阅读兴趣和语言能力，促进亲子关系。教师可以每周为家长推荐一本高品质的课外书籍，鼓励家长与孩子一起参加读书活动。为了帮助长期在外地打工的家长，教师可定期家访，与家长交流阅读技巧，鼓励父母利用晚上、周末等时间，与孩子视频共读一本书，同时，提倡孩子的爷爷奶奶等亲人也积极参与其中，可以三代人共读一本书，共享书香浸润。

在充分利用家长资源、丰富家校共育内容方面，董庄小学的郭老师有很好的做法值得我们借鉴。郭老师邀请了从事不同职业的家长来校参加"家长课堂"活动，分享职业故事；组织家长参与班级活动策划，以发挥各自的特长，这种深度参与让家长成为教育的合作伙伴。班里小文的姐姐是一名护士，郭老师请她为同学们讲解安全急救知识，并演示海姆立克急救法和溺水时心肺复苏的方法。这次活动不仅使学生们学到了实用的安全知识，也使他们对护士这个职业有了更深入的理解和尊重。当然，家校共育也需要明确学校和家庭的教育职责，既避免家长过度干预学校教育，也防止学校推卸教育责任，这种清晰的边界划分，使家校合作更加顺畅。

构建信息有效互通机制可以为家校共育提供坚实的技术和资源支撑，未来可结合数字化转型，形成全链条育人网络，助力乡村家校共育与教育公平。公平学校的刘老师多年来一直在这个领域进行深耕，其做法很见成效。为了有效沟通家、校、生三方，刘老师组建了"亲子聊吧"家长群，这是一方广阔、睿智和多情的天地。通过这个平台，刘老师组织开展了互诉心声的"心语心愿"、电话牵情的"温暖星期四"、晚上六点推送的"新闻播报时"和针对三方思想碰撞比较激烈的话题开展的"周六我们聊"等活动。通过这个平台，刘老师给家长做过讲座、给孩子开过微课，这是情感的补给站、课堂的延伸台，很多家长通过参加这些活动，由开始时的疏离和陌生到逐渐积极主动地参与到孩子的教育之中。

三 主题活动开展：乡村孩子站在学习舞台中央

主题活动育人是指通过设计和组织立意明确、内容丰富、形式多样的实践活动，促进学生全面发展的一种教育方式。这类活动通常围绕特定主题展开，旨在通过亲身实践、体验和互动，促使学生必备知识、关键能力和正确价值观等素养水平的提升。主题活动育人是一种将理论与实践相结合的有效的教育方式，能够让学生在参与中成长，在体验中收获。

主题活动育人实践要围绕特定主题展开，目标清晰，例如，主题可以是环境保护、科技创新、乡土资源、传统文化等；要以培养学生的综合素质为导向，强调综合运用知识来认识、分析和解决现实问题，着力发展核心素养，特别是社会责任感、创新精神和实践能力；要充分挖掘课程资源，对鲜活的课程赋予生命温度，面向学生完整的生活世界进行选题，使学生获得关于自我、社会、自然的真实体验，建立学习与生活的有机联系；要突出评价学生的发展价值，充分肯定学生活动方式和问题解决策略的多样性，鼓励学生自我评价与同伴间的合作交流和经验分享；要重视学生自身发展的需要，尊重学生的自主选择，让学生在主题活动中充分彰显主体地位；要鼓励学生、教师、家长、社会等多方积极参与，形成教育合力，实现协同育人。

在主题活动开展过程中，要处理好学生自主实践与教师有效指导的关系。教师应当成为学生活动的组织者、参与者和促进者。在活动准备阶段，教师要充分结合学生经验，为学生提供活动主题选择和提出问题的机会，引导学生构思选题，鼓励学生提出感兴趣的问题，并及时捕捉活动中学生动态生成的问题。在活动实施阶段，教师要创设真实的情境，为学生提供亲身经历与现场体验的机会，让学生体验多样化的活动，促使学生积极参与活动过程。教师指导重在激励、启迪、点拨、引导，不能包办代替学生的活动过程。在活动总结阶段，教师要指导学生选择合适的结果呈现方式，鼓励多种形式的结果呈现与交流，对活动过程和活动结果进行系统梳理和总结，促进学生进行自我反思与表达、同伴交流与对话。

充分利用生成性资源，为课程育人赋能。学生在学习生活中遇到的一些偶发或意外的事件，在某种程度上就是最好的课程资源，如果能够被及时捕捉和开发，往往会起到意想不到的效果。例如，武全小学四年级教室的窗台上出现了一个鸟窝，还孵化出了几只小鸟，如何处理它们，就成了一个重要的活动课题。武全小学的师生在一起商量，成立了一支护鸟小分队，成员每天观察鸟儿的成长，了解鸟儿的习性，呵护鸟儿。在这个活动中，学生接受了环境保护教育，爱护环境、保护环境的意识得到增强。其次，学生接受了生命教育。小鸟也是生命，学生通过呵护小鸟成长的过程来感悟生命的珍贵，培养了从小珍爱生命的优良品质。第三，学生接受了科普教育。学生通过观察鸟儿的成长过程，了解了鸟儿的生长习性，增长了科学知识。

读书立品，在乡村学生的心里种下阅读的种子。读书是最好的修行，阅读是门槛最低的高贵。通过阅读，学生不仅可以丰富知识、增长见识，还能启迪智慧、滋润心灵。由于综合因素的影响，很多乡村学生的阅读习惯、阅读数量、阅读质量等都与生活在城市中的孩子存在一定的差距。因此，激发乡村学生的阅读兴趣，提高乡村学生的阅读水平，建设充满智慧和生机的书香校园，为乡村学生的幸福成长奠基，就成为乡村教师开启职业幸福的密码。教师指导学生在同伴互助、共读分享、展示交流等过程中开展生生共读、师生共读、亲子共读活动，在共读活动中，学生得到成长，教师得到发展，家长得到提升，大家在共读中分享快乐、拓宽视野、提升修养。例如，董庄小学是一所拥有12个教学班的规模较大的乡村小学，学校以"让读书成为习惯，让学习改变生活"为办学理念，以传承祖国经典文化为出发点，以培养儒雅少年为落脚点，营造了"好读书、读好书、会读书、多读书"的校园氛围，建构了"校园有书香味、教师有书生样、学生有书卷气"的校园文化新格局，针对不同年级的学生形成了"以读为读—拓展阅读—开放阅读—阅读明理"层级递进的阅读教育体系。

交流到乡村小学的刘老师为了能让乡村孩子多读书、多读好书，以其"愚公移山"般的精神感动了社会，也感动了自己。他所在的学校没有配备任何课外图书，更没有图书馆和阅览室，学生也没有形成养之有素的阅读习惯。要想培养孩子的读书习惯，首先要解决书的问题。于是，刘老师把当年带领孩子读书的路重新走了一遍，只是这次走得更艰辛、更漫长，在这一过程中，刘老师也有了更多的感动和感恩等感受。刘老师带领孩子们读书的故事展现在我们面前：公益组织陆续捐助了七百多本图书；帮扶学校捐助了近三百本崭新的书籍；杂志社也给学校邮寄了一些；区妇联主动联系刘老师，给学校配置了一万元的图书……给孩子们买书的家长也陆续多了起来，更多的孩子逐渐愿意让自己的书籍在班级间漂流。刘老师的心愿很简单，就是希望孩子们能多读好书，健康成长。

开展特色班会活动，让情感教育润物无声。班会是全班同学共同参与的活动，效果良好的班会可以增强班级的凝聚力，培养学生的集体意识，提高孩子的沟通能力，促使学生加强自我管理。班会的主题往往影响着活动的价值和效果。董庄小学的郭老师针对乡村孩子与父母之间存在的缺乏沟通或者沟通不畅等问题，开展了一次以"感恩父母"为主题的班会，收到了很好的教育效果。

在"感恩父母"主题班会上，气氛热烈而温馨。一向调皮捣蛋的小马站了起来，挠了挠头，开始分享他和父母的故事。小马的父母在学校附近经营着一家小餐馆，每天从早忙到晚。小马总觉得父母对自己关心不够，陪伴太少，因此心里一直有些埋怨。直到有一天，他在学校下楼时踩空楼梯，意外受了伤，脚踝扭伤了。当时，小马疼得眼泪在眼眶里打转，满心委屈。他的父母得知消息后，心急如焚，立即赶往学校。赶到他身边时，他的父母眼中满是心疼，母亲颤抖着双手轻轻抚摸他的伤口，父亲小心翼翼地将他背起来，之后，父亲背着他骑车奔向医院。在去医院的路上，小马伏在父亲宽厚的背上，听着父亲急促的呼吸声，看着父亲因为着急而涨红的脸，心里突然涌起一股暖流。回想起父母为了这个家，每天起早贪黑，辛苦忙碌，却从未在自己面前抱怨过一句，小马的眼眶渐渐湿润了。班会上，他哽咽着说："以前我总觉得爸妈不关心我，现在我才知道，他们是在用自己的方式，拼命给我更好的生活。"分享结束后，小马认真地制作了感恩卡片，并在上面画了一幅温馨的全家福，在卡片上，他写道："爸爸妈妈，谢谢你们为我付出的一切，我爱你们！"班会结束后，小马的父亲打电话给我。他激动且羞涩地说："老师，小马回家后，主动给了我们一个大大的拥抱，还送给我们一张卡片。这孩子以前可从来没这样做过。我们真是太感动了，感觉孩子一下子长大了。"

（案例创作：董庄小学　郭艳）

以劳育心，塑造孩子的健全人格。以劳育心是一种教育理念，更是一种生活态度，它强调通过劳动实践来培养人的品德、意志和责任心，这也是塑造人格的一种重要途径。例如，正午镇每所学校都建立了自己的劳动实践基地，并定期分批组织学生到基地开展劳动实践活动。

横山小学坐落在正午镇西部，校园面积不大，却有自己的一小块试验田，名为"开心农场"。孩子们在教师的指导下种菜、浇水、施肥，到了收获的季节，教师和孩子们把收获的蔬菜摘好、洗净、剁碎，然后一起和面包饺子，学校的每个孩子都能分到一小碗香喷喷的饺子。这小小的一碗碗饺子是孩子们辛勤劳动的结晶，孩子们分外珍惜，吃得格外香甜。前李小学坐落在正午镇南部，校园非常美丽，是阜阳市级花园式学校示范校。学校里有一大块试验田，每周每个年级都会开设一节劳动实践课，孩子们和教师共同努力，在试验田里种植了西瓜、香瓜、黄瓜、花生、玉米等。在养护的时候，孩子们对每一根藤、每一个瓜纽等都精心呵护，全程记录它们的成长过程。到了收获西瓜的季节，学校还请来了拼盘厨艺师傅来到学校，指导孩子们利用西瓜雕刻出各种花型，做出各种水果拼盘。孩子们看着心爱的作品,眼里闪着光。正午中心校根据孩子们的兴趣爱好和特长,成立了科技社团,每周固定开展两次活动,孩子们在科技室进行拼装拆卸,把一个个小零件拼装成各种机器人和模型。在2019年省级青少年电子制作锦标赛中,学生的作品获得优异成绩。

开展综合实践活动,唤醒孩子主动探究的潜能。综合实践活动是从学生的真实生活和发展需要角度出发,从生活情境中发现问题,并将其转化为活动主题,通过研究性学习、社会实践等形式,培养学生综合素质的跨学科实践性课程。不同学校的办学条件不同、历史传承不同,每所学校都是独一无二的存在,皆扎根于教育使命和获得一方水土的文化滋养,每一所乡村学校在综合实践活动课程实施过程中都可以寻找到不同的策略和个性化路径,围绕办学理念和培养目标,将国家课程校本化、校本课程特色化,从而在价值坚守中、在自身办学实践传统的沿袭中找准发展方向。乡村教师在指导学生开展综合实践活动时,要基于学生的已有经验和兴趣特长,打破学科界限,选择开放性、综合性的活动内容,开展跨学科、跨领域学习,使学科知识在综合实践活动中得到延伸、重组和提升。例如:以"饮食与健康"为主题开展的"软饮料与健康""学校营养餐合理搭配"等主题课程;以"乡村人居环境整治"为主题的"学校周边环境调查""乡村集镇逢集与交通"等研究性学习活动;围绕社会服务主题开展的"我是校园志愿者""我是乡村环保宣传员"等社会实践活动;围绕职业体验主题开展的"策划校园文化活动""我是家乡小导游"等社会实践活动。通过综合实践活动,可以延伸学校教育、衔接社会教育、践行素质教育,居住在乡村的孩子们也据此向社会传递着文明和智慧的力量。

综合实践活动课程资源面向学生的整个生活世界,课程资源的开发要因地制宜、因时制宜、因物制宜、因人制宜。主题式、项目化、生活性、真问题、实践性是课程的基本特征。例如：以"创意设计，传承文化"为主题开展的"探究古陶技艺，传承非物质文化遗产""体验扎染技艺 感受非遗魅力"等传统文化活动；以"我是校园小主人"为主题开展的"学校是我们共同的家""爱心满校园""我是校园志愿者""校园文化建设有我"等活动项目。综合实践活动课程能让孩子们站在舞台的中央，因为教育的场域不仅在课堂，教育的价值不仅是考试，综合实践活动课程既要培养学生的家国情怀，还要增强学生的世界理解力，通过课程实施，打开一扇不同的看自己、看社会和看世界的窗口，如有的学校开展的"世界一日游""带着课题去旅行"等实践活动。

开发、利用好本土拥有的隐性或显性课程资源是综合实践活动课程实施中的"区位"优势。例如：颍东区地处淮北平原，区位优越，阜阳火车站位于颍东主城区，几条铁路呈"米"字形在此交会，颍河、茨淮新河穿境而过。颍东区历史悠久，文物古迹众多，有位于袁寨镇的重点文物保护单位程文炳宅院、传说中朱元璋居住过的北照寺、淮海战役颍河阻击战（又称魏沟口阻击战）遗址，位于口孜镇老街南头的口孜清真寺、"竹林七贤"之一刘伶墓遗址等。颍东区有很多文化瑰宝，如被列入国家级非物质文化遗产项目的程氏剪纸、杜氏刻铜，被列入市级非物质文化遗产项目的北照寺古陶、阜阳烙画等。颍东区还有千年古镇插花镇、口孜镇，这里文化底蕴深厚，有众多的故事传说和独特的饮食文化。这些独特的历史文化就在学生身边，为学生开展综合实践活动提供了重要的资源保障。学校利用身边的课程资源开展综合实践活动，形成了科学、合理的教学案例序列。例如：以袁寨镇丰厚的历史文化资源为载体开发形成的综合实践活动主题有"走进北照，探究古陶艺""从程文炳宅院看南北方建筑风格的融合""打造生态文化特色旅游小镇的设想"等；以口孜镇厚重的文化底蕴、动人的古老传说、不同的民族构成为承载构建的活动主题有"舌尖上的口孜""口孜老街的'前世今生'"

"故事里的口孜"等；还有围绕插花镇、正午镇程氏剪纸、城乡接合部的岳家湖等人文历史资源而形成的主题，如"一个美丽传说，道不尽插花悠悠历史""走向全国的插花牛肉汤""走近程氏剪纸，弘扬非物质文化遗产""研学岳家湖，探究身边的园林建筑"等。在对颍东区丰富的历史文化和农耕文化资源进行系统开发的基础上，可以开展区域内以"探究传统文化，追寻名人古迹"为主题的研学旅行活动和以"传承弘扬农耕文化，留住我们生活的根"为主题的关于传统农耕文明的研究性学习等。

乡村校园虽然不大，并且周边多为农田和村庄所环绕，但依然有很多可以开发利用的综合实践活动课程资源，教师应能够引导孩子及时发现、准确捕捉这些资源。例如：为了让学生深入了解节气的意义，感受我国传统文化的独特魅力，朱沟小学开展了以霜降为主题的系列实践活动。首先是知霜降。班会上，教师通过朗诵与霜降节气相关的诗词、谚语等，讲解霜降节气的由来和人们的习俗等活动，让学生体会到我国传统文化的博大精深，感受古人的智慧。然后是画霜降。霜降是秋天最后一场不容错过的盛宴，它悄悄酿就了一年中最斑斓的色彩。孩子们敏锐地捕捉霜降的气息，借着秋景，诉着秋情，用画笔留住斑斓的秋色；接着是写霜降。中华文化源远流长，古诗词的魅力更是影响深远。通过书写有关霜降的古诗词，学生进一步感受到了祖国的语言之美和独特的节气文化。最后是剪秋叶。孩子们用稚嫩的双手小心折叠、剪裁五颜六色的纸张。随着"咔嚓咔嚓"的细微声响，一片片栩栩如生的"枫叶"在孩子们手中绽放。

荷花是历代文人墨客笔下的圣洁之花，以其出淤泥而不染的高尚品格深受人们喜爱，具有厚重的历史与文化底蕴。董庄小学开展了一场名为"夏日赏荷，与荷共成长"的主题实践活动。唱荷花。孩子们用歌声和舞蹈表达了对荷花的喜爱之情。孩子们演唱了古诗版《小池》，配以流畅自然的手势舞，尽显了孩子们的童真童趣。通过对手势舞的学习，孩子们在节奏和韵律中感受了音乐、培养了乐感、激发了学习音乐的兴趣。绘荷花。对于喜欢绘画的孩子们，一池荷花便是给他们最好的礼物。孩子们席地而坐，眼中全是荷花，小河边，伴着微风，孩子们静静地创作。儿童笔下的荷花的姿态是美丽且特别的，他们边画边描述，想到哪里就画到哪里，用多彩的画笔和轻松的线条勾勒出荷花"出淤泥而不染，濯清涟而不妖"的诗境。咏荷花。孩子们深情吟诵有关荷花的古诗词名句——"接天莲叶无穷碧，映日荷花别样红""小荷才露尖尖角，早有蜻蜓立上头""荷叶罗裙一色裁，芙蓉向脸两边开"；等等。写荷花。在炎炎夏日，观赏荷花当然别有一番情趣。这里有一群孩子驻足停留，拿出纸笔，欣赏他们眼中的荷花并作诗。他们面对荷花池，笔下生花。

第二章 课堂教学

——乡村教室里的别样风景(上)

课堂是一个说大也大、说小也小的物理空间，在这个特殊的物理场域里，却时刻产生着剧烈的"化学效应"。课堂是时间的低语，是历史的回响。在这里，古人智慧与现代思想交织相撞，学生仿佛是穿越时空的行者，与先贤对话，与未来握手，感受着知识的力量与温度。课堂是教育教学热点与难点的汇集场所，许多教育思想及教学理念在这里相互激荡而生成涟漪，彼此碰撞而产生灵光，诸多教育教学经验成果在这里孕育滋长，可以说是"小"课堂、大学问。课堂厚植时代的基因，烙上时代的印记，承载着教育的责任和使命，课堂教学应以梦为马，不能"但行前路，无问西东"。

　　在由学生、教师、内容、环境等元素构成的复杂课堂"生态"系统中，乡村学校具有较多短板，如教学条件相对落后、教师队伍较为薄弱、课程资源比较单调、生源流失越发突出、家校协同整体缺位等。这些现实的困境并没有影响乡村教师对高质量课堂教学的执着追求和坚定信念，乡村里的课堂也许并不多彩，却有深刻的灵魂，对于滋润乡村孩子的心灵、启迪乡村学生的智慧、唤醒乡村少年的梦想，具有特有的品质和蕴意。

第二章 课堂教学
——乡村教室里的别样风景（上）

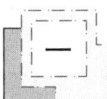

一　教学目标重建：逻辑起点

教学目标是学生在具体的教学活动中期待达到的学习结果，它是教学活动的出发点，也是落脚点。目标是教学的核心，它直接关系到教学的立意、方向和到达的深度。教学目标是教师专业活动的灵魂，也是每堂课的方向，是判断教学是否有效的直接依据，它引导和制约着教学过程的设计，可以说，一节课成功与否，主要就是看教学目标的达成度；教学最优化，首要就是教学目标设计的最优化。如果目标缺失，教学就会盲目；目标不清，教学就会茫然；目标太多，教学就会繁忙。

从教育目标体系方面看，教学目标是教育目的进一步细化和落地转化，且遵循以下序列进行着：教育目的—课程目标—单元教学目标—课时教学目标。其中，教育目的是想到达的远方，课程目标是看得见的风光，教学目标是走得到的家乡，在教学目标的逐步达成过程中，学生一步一步地被"树"起来了。因此，树立目标意识，加深专业理解，准确把握学科性质及其功能，完整领会学科核心素养的内涵及具体表现，设计出科学合理的教学目标，就显得十分重要。设计较好的教学目标可以对"为什么学""学什么""怎么学""学到什么程度"进行具体指导，对教学能起到良好的引领作用。

（一）学情分析是目标设计的先决条件

学生是教学活动的主体，也是教学活动的核心因素，因此，备课一定要首先备学生，掌握学生的最近发展区。最近发展区是指学生在学习活动中已经达到的发展水平与可能达到的发展水平之间的区域。通过学情分析，教师可以准确了解学生在哪些方面已经具备独立完成任务的能力，在哪些方面还需要教师的指导和帮助。

教师只有深入研究学生，找准了教学的起点，才能采取相应的对策服务于教学，以取得良好的教学效果。教学起点是学生具备的有关基本知识与技能，以及对有关学习的认识水平和态度等，这也称为起点行为或起点能力，它是影响学生学习新知识的最重要的因素。美国教育心理学家奥苏贝尔曾说：如果我不得不把教育心理学还原为一条原理的话，我将会说，影响学习的最重要原因是学生已经知道了什么，我们应当根据学生原有的知识状况去进行教学。

在信息化时代，学生的学习渠道极大地拓宽了，生活经验也增加了，他们的学习准备状态有时远远超出了教师的想象，许多教材中尚未涉及的知识或教师事先设计的内容，学生可能已经了解得清清楚楚，这样，教师事先设定的教学起点已经不一定是真实起点，教师就必须通过学情研究和分析来把握教学的真实起点，只有这样，设计的教学目标才符合学生的实际情况并具有挑战性，教师才可以真正做到有的放矢和因材施教。

学情分析本身就是一种行动研究，其包含的内容有很多，主要体现在以下方面。一是现有知识水平分析。教师需要了解学生在相关学科或领域已经掌握的知识、技能以及生活经验，以便确定新知识的起点和难度。二是学习能力分析。学生的学习能力包括观察力、记忆力、思维能力、想象力和实践力等。教师需要分析学生的学习能力，以便选择适合的教学策略和方法，促进学生的学习和发展。三是学习兴趣分析。学生的学习兴趣是影响学习效果的重要因素。教师需要了解学生的兴趣爱好，以便设计能够激发学生兴趣的教学活动，提高学生的学习积极性和参与度。四是学习习惯分析。学生的学习习惯包括预习习惯、听课习

第二章 课堂教学
——乡村教室里的别样风景（上）

惯、复习习惯和反思习惯等。教师需要分析学生的学习习惯，以便帮助学生养成良好的学习习惯，提高学习效率和质量。教师还需要分析学生的个体差异。每个孩子都是独一无二的个体，具有不同的学习特点和发展需求。教师需要关注学生的个性化差异和学习需求，以便因势利导，促进每个学生全面发展。

县域乡村孩子的学情具有一般性视域下的特殊性和复杂性，乡村教师全面深入的学情研究是有效教学目标设计的起点和落点指向。

学情分析不仅为教学目标制定提供了基础，还为教学策略选择提供了依据。通过学情分析，教师可以了解学生的学习方式和习惯，选择适合学生的教学策略。这种基于学情的教学策略选择，有助于提高教学的针对性和有效性，促进学生持续发展。

学生的起点在哪里呢？五年级的孩子已经掌握一些基础的语文学习方法。但我班孩子大部分是留守儿童，缺少家人的关爱与陪伴，能学习到的课外知识除了课堂上的分享就是从网上得到的碎片化的积累，因此，他们往往想象力受限，感悟力不强。隔代教育也使得学生学习能力发展的个体差异较大。基于此，教学目标一定要贴近乡村生活，并进行分层设计，适当降低难度并拓宽广度，使每个孩子都能够通过学习达到目标要求。另外，乡村孩子的知识面相对较窄，但得天独厚的自然环境就是无可替代的教学资源，他们与大自然之间的关系更加亲密，对自然具有更加朴素的情感，他们可以在大自然中真听、真看、真感受，最终表达真实的情感。例如，部编版语文教材五年级上册习作《＿＿即景》的教学目标为：a. 通过仔细观察家乡的自然现象或自然景观，填好观察记录单，并把题目补充完整；b. 能够按照一定的顺序描写所观察到的景物，具体写出景物的动态变化，并能呈现比较生动鲜活的画面感；c. 运用展示、朗读、介绍等形式进行习作交流，并能够根据师生评价意见进行修改和完善。

（案例创作：马圩小学　上官思梦）

（二）教学目标制定需规避的几个传统误区

1. 进行目标制定时以偏概全或贪大求全

1956年，美国教育心理学家布鲁姆立足于教育目标的完整性，制定了教育目标分类系统，第一次提出把教育目标分为认知领域、情感领域和动作技能领域三个目标领域。其后，加涅把三者之中的"情感"改为"态度"。

随着我国基础教育课程改革的不断推进，教学目标也由"双基目标"（基本知识、基本技能）到"三维目标"（知识与技能、过程与方法、情感态度价值观）再到"素养目标"（正确价值观、必备品格和关键能力）。三个不同阶段的教学目标不是依次的取代关系，而是迭代关联关系，是一种教学发展进程中的价值进阶。

在基础教育教学实践中，一些教师对教学目标的设计往往存在走向两个极端的境况：一是以偏概全，始终沿袭知识立意的定式思维进行知识固化的目标设计，对学生发展的其他方面目标视而不见或浅尝辄止。例如，部编版语文教材四年级上册《观潮》的教学目标设计：a. 认识"盐、薄、屹、昂"等12个生字；b. 会写"潮、据、堤、阔"等15个字；c. 理解"笼罩、隆隆、人声鼎沸、水天相接"等词语的意思。这种完全建立在知识本位上的目标设计给教学带来的影响是封闭、机械和片面。二是贪大求全。对教学目标内涵的理解和认识囫囵吞枣、不求甚解，在进行目标设计时面面俱到、大而不当或空洞无物，试图在一节课的时间里让学生"一口吃成个大胖子"，而忽视了课堂教学的发展性、渐进性和落地性。例如，部编版语文教材三年级上册《大青树下的小学》的教学目标设计：a. 通过阅读单元导语和交流讨论，明确单元学习任务，对单元学习充满期待；b. 对学习汉字有浓厚的兴趣，养成良好的书写习惯；c. 能初步把握文章的主要内容，体会文章表达的思想感情；d. 积累课文中的优美词语、精彩句段，以及在课外阅读和生活中获得的语言材料；e. 在学习和生活中提出问题，尝试运用语文并结合其他学科知识解决问题；f. 学会发现美、表现美和创造美，形成健康的审美情趣。这样笼统、抽象、空泛的目标设计会导致课堂负荷过大，教学无据可循，教师的教是"眉毛胡子一把抓"，学生的学是蜻蜓点水，不求甚解，教学目标往往没有起到定向引领作用。泛化的目标带来的就是随意，随意教学导致的就是教学的高耗低效。

2. 目标达成的行为主体有误

传统的教学是指教师按照预定的教学方案，在给定的时空里，运用一定的理论、技能、手段和方法，对学生进行讲授、辅导、答疑、操作示范等的过程。而现代教学的本质是教师引起、维持或促进学生学习的所有行为，是教师与学生共同参与的活动，是以课程内容为介质，在师生交往中促进学生发展的过程。因此，教学活动的主体是学生，没有学生的学习活动，就没有真正意义上的教学。教学目标是教学活动发生的发起点和落脚点，其本质特征就是学生的预期学习结果，因此，实现目标的行为主体理所当然是学生，目标的设计必须站在学生的立场，描述学生学习行为的变化及其结果。但一些教师在设计教学目标时，常常把自己的教学行为当成目标，喜欢用"教会学生……""使学生……""培养学生……"等叙写结构。例如，人教版数学教材三年级上册《观察物体》的教学目标设计：a. 使学生能辨认从不同位置观察到的简单物体形状，并能根据看到的形状正确判断观察者的位置；b. 通过观察、比较、辨认、想象等活动，使学生体会到从不同位置观察物体时，看到的物体形状可能不同，培养学生的空间观念和学习数学的积极情感；c. 培养学生的合作意识，让学生在合作中交流、学习、互动。这样主体错位的教学目标设计映射出了教师教学观、学生观、评价观的偏差或谬误，在这种教学目标的指引下，教师可能会成为课堂教学中的灌输者，而学生处于被动接受的地位，师生关系是一种"我说你听、我问你答、我写你记"的单向传导的线性关系。

3. 目标中的行为动词缺乏可测性

教学目标中的行为动词是学生学习活动的具体呈现，教学目标能否真正起到对教、学、评的统领作用，关键要看其行为动词是否清晰、明确，学习成果是否可测量、可观察，如果行为动词含混笼统，陈述模糊不清，就会导致目标虚化和泛化，教、学、评都会出现失位、失准现象。语文学科常用的外显性行为动词有认识、辨析、书写、描述、分析、评价、运用等；数学学科常用的外显性行为动词有认识、运算、测量、绘制、推理、形成、应用等。在教学实践中，一些教师在教学目标设计中，却常用模糊不清、难以测量的行为动词。例如，部编版语文教材五年级上册《落花生》的教学目标设计：a. 掌握本课新词；b. 分角色朗读课文，了解课文主要内容；c. 体会含义深刻的句子，初步知道借物喻人的写作方法。该目标的设计使用了掌握、了解、体会、知道等行为动词，这几个动词所指向的行为都属于不能"可视化"的学习活动，学习的结果自然就难以得到准确测量和评价，进而教学效果也无法得到确切评估。再如，人教版化学教材九年级上册第二单元《空气和氧气》的教学目标设计：a. 了解空气的主要成分；b. 了解氧气、氮气、稀有气体的主要物理性质和用途；c. 初步了解空气污染的危害，知道空气是一种宝贵的自然资源，养成关注环境、热爱自然的情感。这样的教学目标设计也存在类似的问题。

第二章 课堂教学
——乡村教室里的别样风景（上）

4. 目标中教学策略的指引功能弱化

教学目标决定了教学活动的方向和内容，也影响着教学策略的选择。教师需要根据教学目标来设计教学方案，选择适合的教学策略和方法，以确保教学目标的实现。完整有效的教学目标不仅包括学生的学习活动和预期的学习结果，还要有目标达成的条件和程度，也就是影响学生产生学习结果的特定限制或范围，和用以评价学习表现或学习结果所达到的程度的内容。行为条件和表现程度直接影响着教学策略的选择和应用。但一些教师设计的教学目标中对教学策略的引领功能有所弱化甚至缺失，如部编版语文教材二年级上册《葡萄沟》的教学目标设计：a. 了解葡萄沟是生产葡萄的好地方，使学生产生对葡萄沟的喜爱之情；b. 准确理解"茂密""五光十色""热情好客"等词语的意思；c. 有感情地朗读课文，背诵第二自然段。该教学目标除了存在行为主体、行为动词不当方面的问题，在行为条件和表现程度方面也存在一定程度上的缺失，从而也就难以对教学策略的选择进行有效的指导。例如，在目标 a 中，应该写出学生应通过什么手段和途径深深体悟到葡萄沟真是个好地方；在目标 b 中，应该写出运用何种方法学生才能真正明白"茂密""五光十色""热情好客"等词语的具体意思。

（三）教学目标的叙写要简明扼要且富有内涵

教学目标对课堂具有"举旗定向"的作用，其设计需要追求一种平衡，既要简约明了，又要内容丰富、具有挑战性，确保目标的深度、广度和有效性，以便学生能够从中获得实质性的学习成果。教学目标微言大义、简约深邃的基本特征主要体现在以下方面。一是核心聚焦。教学目标应聚焦于学习活动的核心要点，避免冗长和无关紧要的细节。通过精练的语言，明确学生核心素养达成的关键，这种聚焦使得目标看起来简约，但实际上直击要害。二是层次分明。目标的表述虽然简约，但其内部应包含清晰的层次结构，从基础知识到高级应用，从简单理解到复杂分析，应形成一条逻辑清晰的学习路径。这样的设计有助于教师根据学生的学习进度和反馈，灵活调整教学策略，确保每名学生都能得到适合自己的教学支持，同时，使学生能够循序渐进地掌握知识，便于教师评估学生的学习进展。三是灵活性和适应性。简约的教学目标应具备一定的灵活性和适应性，能够根据学生的学习情况和生成情况进行调整和优化。这意味着教学目标不是一成不变的，而是可以根据教学实际情况进行动态调整的。

教学目标叙写除需要全面分析学情外，非常重要的依据就是课程标准和教材。课程标准是教材编写、课程教学、效果评估和考试命题的依据，是国家管理和评价课程的基础。课程标准是根据国家的教育方针和学生身心发展的规律制定出来的，它规定了学科的性质、课程理念、课程目标、课程内容、学业质量和课程实施，明确了学生在学习方面应完成的学习任务，为教学活动的顺利开展提供了方向性和关键性指导。例如，《义务教育语文课程标准（2022年版）》《义务教育数学课程标准（2022年版）》在"课程目标"中对总目标和学段目标（语文是以"学段要求"的形式呈现的）分别对教学目标进行了宏观和中观的要求。在"课程内容"中，语文的内容组织与呈现方式为学习任务群，从基础型学习任务群、发展型学习任务群、拓展型学习任务群三个层面，对学习活动进行了较为具体的阐释。数学从"内容要求""学业要求"角度出发，分别描述了学习的范围与要求和学段结束时学习内容与相关核心素养所要达到的程度，这些都为学科单元和课时目标的制订提供了纲领性依据。学科课程标准中，学业质量标准是以核心素养为主要维度，结合课程内容，对学生学科学业成就具体表现特征的整体刻画，对其描述维度包括问题情境、知识技能、思维方式、实践活动、价值观念等方面。

学业质量标准是学业水平考试命题及评价的依据，同时对学生的学习活动、教师的教学活动、教材的编写等具有重要的指导作用。因此，学业质量标准是教学目标结构化叙写的最直接参照。例如，义务教育数学第一学段（1~2年级）学业质量的描述中包括：结合现实生活情境，尝试用数学语言描述生活中的实际问题，运用所学的数学知识和方法解决问题，形成初步的数感、量感和应用意识。

教材编写是以课程标准为依据，充分体现学科课程的基本理念，全面落实课程标准的各项要求。教材是教师创造性教学和学生主动学习所依据的基本的教学资源，当然，也是教学目标制定所需要的课程内容的主要载体。

教学目标的叙写应是有据可依、有径可循的。掌握科学的叙写方法，可以避免教学目标中出现模糊的言辞，可以更好地发挥教学目标对课堂教学的管理、指导和评价功能。美国行为派心理学家马杰（Mager，1962）出版了《准备教学目标》一书，在该书中系统地提出了行为目标技术。马杰认为，教学目标应该陈述学生能做什么以证明他的成绩与教师怎样知道学生能做什么。马杰提出，行为目标有三个要素——可观察的行为、行为发生的条件、可接受的行为标准。在此基础上，就出现了"ABCD"教学目标四要素表述法：A（audience）—行为主体，B（behaviour） 行为动词，C（conditions）—行为条件，D（degree）—行为程度。

行为主体即学习者，就是目标表述句中的主语，这个主体是学生而不是教师，因为判断教学有没有效率、效果和效益的直接依据是学生有没有进步，而不是教师有没有完成教学任务。因此，教学目标陈述的应该是学生学习的结果，而不应是教师做什么，在进行实际的目标叙写时，可以将行为主体省略，但目标的主体意识是需要强化的。行为即学习者应该做什么，目标表述中的谓语和宾语表明了学生经过学习后能做什么和应该达到的能力水平，这样就可以从学生的行为变化中评价教学目标是否实现了。一般情况下，使用动宾结构的短语来描述行为，其中，动词是一个行为动词，它表明了学习的类型，宾语表明了学科的具体学习内容。行为目标要用可观察、可量化的行为动词来表述，在进行具体目标表述时要避免使用描述内部心理过程的动词，如"知道""了解""理解""熟悉"等，因为这类行为动词较为模糊、不确定，无法直接测量，不同的人对它的理解也不尽相同，应该尽量使用意义明确、易于观察、便于检验的行为动词，如"背诵""解释""选择""写出""计算"等。行为条件即行为是在什么情况下产生的，是指影响学生产生学习结果的特定限制或范围等因素，如环境因素、人的因素、设备因素、信息因素、时间因素、问题明确性因素等，如"独立完成""使用信息技术手段""阅读有关资料""在3分钟内""通过小组讨论"等。行为程度即学生学习行为达到的标准，这是衡量学习结果的最低要求，应通过对行为标准做出具体描述，使行为目标具有可测量的特点。标准的表述一般与"好到什么程度""精确度如何""完整性怎样""质量要求如何"等有关，如"至少写出三种解题方法"这一表述中的状语部分。

采取"ABCD"目标叙写法叙写教学目标时，要结合教学的实际情况，并不是四个要素必须一应俱全，其中，只有行为要素不能缺失，其他三个要素都可以根据具体情况进行适当省略。

部编版数学教材三年级下册"平均数"的教学目标设计：a.（行为主体省略）在具体的真实问题情境中（行为条件），切实感受（行为程度）并能举例说出（行为动词）平均数是解决一些实际问题的需要，同时通过操作、观察、交流等体验（行为条件）进一步（行为程度）明白平均数的意义，学会（行为程度）计算（行为动词）简单数据的平均数；b. 经历运用平均数的知识解释简单生活现象、解决简单实际问题的过程，进一步积累分析和处理数据的方法，发展统计观念；c. 根据生活经验表述平均数与日常生活的联系，增强在生活中获取信息、解决实际问题的能力和应用数学的意识。

（案例创作：东平路小学　邹贵锋）

部编版语文教材二年级上册《葡萄沟》的教学目标设计：a.（行为主体省略）通过虚拟的情境（行为条件），在葡萄沟游览（行为动词）一番，在情感的世界里深深感到（行为程度）葡萄沟真是个好地方；b. 识记"最、坡、梯、够、修、味、留"，运用多种方法感悟"梯田""山坡""茂密""五光十色""热情好客"等词语及句子；c. 运用采访、角色朗读、节目表演、导游等形式，在整体感悟课文的过程中进行口语交际训练。

（案例创作：袁寨中心小学　岳艳）

"ABCD"目标叙写法虽然克服了目标表述的模糊性问题，但该方法只强调了行为的结果，忽视了心理过程，况且，很多心理过程是无法行为化和具象化的，利用这种方法叙写教学目标有可能导致教师只注重学生外在行为的变化，而忽视了其内在的能力和情感的变化，忽略了难以测量的创造目标、想象目标和非预期的意外目标的达成。为了弥补行为目标叙写法的不足，格伦兰（N. E. Gronlund，1978）在《课堂教学目标的表述》中，提出了采用描述内部心理过程与描述外显行为表现相结合的方式表述教学目标的方法，即先陈述内部心理过程的目标，然后列出表明这种内部心理变化的可观察的行为样例，使目标具体化，这就是所谓的内外结合表达目标法。例如，在叙写教学目标时，可以首先强调内部心理过程的"理解"目标，然后再用一些具体的、可操作的行为样例表明怎样才算是理解。

二 教学资源重组：内容择取

教学内容是学与教相互作用的过程中呈现的核心信息，是教学真正发生的纽带，是师生双方共同关注、发生交互作用并能服务于教学目标达成所利用的素材及信息。教学内容不仅包括预设的静态知识体系，还涵盖教学过程中师生互动所生成的动态资源，它具有动态性、生成性特征，并且，随着师生交往、积极协同的深入而不断发展和完善。教学内容重组是根据教学目标、学生需要、教学条件、课标理解等影响因素的变化，以课程标准为依据，对教材知识结构体系进行重新整合、优化或创新，形成更加符合教学需求和学生实际、提升教学效果的课堂教学内容新体系。教学内容重组的本质就是认为教材不是唯一的教学资源，而是允许有所突破并可以改造的客观存在，可以对教学内容进行资源化开发和建设。

（一）以课标和教材为蓝本，使教学内容资源化

1. 课程标准是教学内容重组的底线要求

课程标准是规定某一学科的课程性质、课程理念、课程目标、课程内容、学业质量、课程实施的教学指导性文件，是体现学科育人价值的指向性顶层设计。教学内容是指在教学过程中培养学生正确价值观、必备品格、关键能力等素养的信息的总和，它是课程标准的具体化呈现，是教师根据课程标准和学生实际情况精心选择和组织的材料。课程标准是教学内容制定的依据和指导，可以为教学内容的选择和组织提供明确

的方向和要求。在教学过程中，教师应认真研读课程标准，精心选择和组织教学内容，确保学生能够达到课程标准设定的目标和要求。

义务教育课程标准从学科性质等六个维度对义务教育阶段的教学进行了系统性的阐释，每一个维度同时是对教学内容也就是教什么、学什么所进行的不同层级的规范性设定。

《义务教育语文课程标准（2022年版）》对语文课程性质的界定是："语文课程是一门学习国家通用语言文字运用的综合性、实践性课程。工具性与人文性的统一，是语文课程的基本特点。"这就意味着，语文课程内容应引导学生热爱国家通用语言文字，在真实的语言运用情境中，通过积极的语言实践，积累语言经验，体会语言文字的特点和运用规律，培养语言运用能力；同时，发展思维能力，提升思维品质，形成自觉的审美意识，培养高雅的审美情趣，积淀丰厚的文化底蕴等。

《义务教育数学课程标准（2022年版）》对数学课程性质的界定是："数学是研究数量关系和空间形式的科学。"因此，数学课程内容应是源于对现实世界的抽象，通过对数量和数量关系、图形和图形关系的抽象，得到数学的研究对象及其关系；基于抽象结构，通过对研究对象的符号运算、形式推理、模型构建等，形成数学的结论和方法，帮助人们认识、理解和表达现实世界的本质、关系和规律。

语文课程目标中的学段要求从"识字与写字""阅读与鉴赏""表达与交流""梳理与探究"四个维度对教学内容做了目标达成式的划定。例如，第一学段（1~2年级）【识字与写字】1.喜欢学习汉字，有主动识字、写字的愿望。认识常用汉字1600个左右，其中800个左右会写。【阅读与鉴赏】5.积累自己喜欢的成语和格言警句。背诵优秀诗文50篇（段）。课外阅读总量不少于5万字。数学课程目标中对学段目标也做出了基本相似的划定，例如，第三学段（5~6年级）：经历用字母表示数的过程，认识自然数的一些特征，理解小数和分数的意义；能进行小数和分数的四则运算，探索数运算的一致性；形成符号意识、运算能力、推理意识。

《义务教育语文课程标准（2022年版）》的课程内容中，"（一）主题与载体形式"从"1.中华优秀传统文化""2.革命文化""3.社会主义先进文化"三个方面对教学内容的主题及其载体做了较为具体的表述。如主题"1.中华优秀传统文化"的主要载体为汉字、书法，成语、格言警句，神话传说、寓言故事、历史故事、民间故事、中华民族团结一家亲故事，古代诗词、古代散文、古典小说，古代文化常识、传统节日、风俗习惯等。"（二）内容组织与呈现方式"明确了语文课程内容的学习任务群，并随着内容整合程度的提升，分三个层面设置学习任务群：第一层是基础型学习任务群，包括"语言文字积累与梳理"，第二层是发展型学习任务群，包括"实用性阅读与交流""文学阅读与创意表达""思辨性阅读与表达"，第三层是拓展型学习任务群，包括"整本书阅读"和"跨学科学习"。每个学习任务群都对不同学段的学习内容标准做出了清晰具体的说明。《义务教育数学课程标准（2022年版）》把课程内容分为四个领域：数与代数、图形与几何、统计与概率、综合与实践。每个领域在不同学段又细分为不同的主题要求，如"图形与几何"领域在四个学段的具体内容分别是：第一学段（1~2年级）为图形的认识与测量、第二学段（3~4年级）为图形的认识与测量和图形的位置与运动，第三学段（5~6年级）为图形的认识与测量、图形的位置与运动，第四学段（7~9年级）为图形的性质、图形的变化、图形与坐标。在"内容要求"板块里，又更详细地说明了四个领域中不同学段各主题下的教学内容具体范畴。

课程标准为教学内容的选择和组织提供了明确的框架和依据。在教学内容重组过程中，必须确保所选内容符合课程标准的要求，不偏离课程标准所设定的目标和方向。课程标准不仅规定了教学内容的范围，还对其组织形式和呈现方式提出了要求。这有助于教师在进行教学内容重组时，采用更加科学、合理的方式组织和呈现知识，提高教学的有效性和针对性。不管是教材编写还是在教材基础上对教学内容的二次开发，抑或是独立建设的校本课程体系，都应该以课程标准作为教学内容开发建设和重新建构的根本遵循和底线要求。

2. 教材是教学内容重组的基础性载体

教材是依据课程标准编制的、系统反映学科内容的教学用书，是课程标准的具体化呈现，是教学过程中不可或缺的重要工具。教材有广义和狭义之分，广义的教材是指教学过程中使用的所有教学材料，包括教科书、教师用书、练习册、地图册、自编教学资料等；狭义的教材即教科书，是学科课程的核心教学材料，本著作中所说的教材特指教科书。

教材是经过专家精心编写、国家教育部门审定通过的重要教学资源，其以课程标准为依据，充分体现课程的基本理念，全面落实课程内容标准的各项要求，是系统化的教学内容结构、内容组织和内容呈现方式，它将知识点和概念进行了分类和整理，形成了严密的教学体系。教材的结构和内容有助于学生理解和掌握知识的内在联系和发展规律。教材还提供了丰富的活动、案例或自学素材等栏目，有助于提升学生的思维水平和实践能力，从而有助于学生发展核心素养。可以说，教材为教师进行创造性教学和学生主动学习提供了最基本的教学资源，其地位和作用往往是其他教学资源所无法完全替代或比拟的。

教科书毕竟是由少数人编写的，其观点或技术也许会有一定的局限性，另外，教科书因为篇幅所限，也难免陈述不够详尽，剖析不够深入。再加之教科书的出版时间与上课时间毕竟有时差，最新内容可能没有反映到教科书中。这些都足以说明，仅仅依赖教科书，在教学上难以有的放矢，所以需要对教学内容进行重构。教材尽管是权威性的教学资源，也难免存在内容滞后于时代发展变化的情况，并且内容的承载量是有限的，因此，教材只能是教学过程中使用的重要工具之一，而不应该是教学内容的全部，更不能将其视为不能有任何改变的教科书。教材在使用过程中，可以根据具体的教学需求和学生的学习特点进行增添、删减、重构和优化，以满足不同学校、不同学生个性化的教学需求。教学内容重组实际上就是内容不应被一本教科书所牵制，而是在课程标准的统领下，可以有更广的延展、更深的关联和更多的优化。

在教材基础上进行教学内容重组，应注重如下几个关键要素。一是内容与目标的契合度和达成度。教学内容重组应围绕清晰、具体的教学目标进行，有助于学生达成预定的教学目标是教学内容重组的基本遵循。二是内容覆盖度和准确度。教学内容重组应对接课程标准所规定的内容要求，并确保重组内容的准确性和全面性。三是内容与学生的参与度。教学内容的作用不仅是传递知识信息，还应该有助于学生的主动学习和发展，教学内容重组应有利于师生、生生之间的交流合作与积极互动，有益于激发学生的学习兴趣和热情。四是内容与教学效果的关联度。教学效果是检验教学内容重组质量的金标准，建立有效的学习效果反馈机制，及时掌握学生的学习状况和存在的问题，可以有效地对教学内容进行必要的调整与优化。

小学语文教学内容的选择与重构
——以部编版语文教材五年级上册第一单元为例

用好统编教材，优化调整教学内容，强化学生与教材之间的关联，提升教学效果，这要求教师全面了解教材的整体编写意图，在充分了解编写者的意图后能够进行个性化、创造性的意义建构，形成个性化的教学构想，展开更为丰富的教学思路。本单元口语交际内容是"制定班级公约"，其必要性毋庸置疑，但这一主题的口语交际内容与单元导语

"一花一鸟总关情"并不完全相符，与单元教学目标并不完全一致。在实际教学中，将口语交际内容"制定班级公约"整合到三年级和四年级相关教学内容中更为合适。

教学内容与教材内容是两个概念，教材只是教学内容的一部分。教学中，应该在尊重教材、理解教材的基础上发挥教师的主观能动作用，对教材内容进行重组和优化，使教学内容更利于教学。《白鹭》《珍珠鸟》在表现主体和形式上存在重合，尽管两篇文章都是极其优秀的作品，但是如果删除其中一篇，增加郦道元的《三峡》或吴均的《与朱元思书》等，形成古今搭配、骈散照应的格局，对单元教学目标的达成也许会产生更好的效果。重组后的教学内容《白鹭》《桂花雨》《三峡》等与口语交际"讲述一景一物，表达观点感受"及习作"我的心爱之物"共同指向"初步了解课文借助具体事物抒发感情的方法"的单元教学目标，效果应该也会更好一些。

（案例创作：朝阳小学　宁国锋）

 （二）以大概念为核心，重组结构化单元教学内容

大单元是指在教学领域建构的学科育人基本单位，具有完整、独立、自成体系的特点，是以落实学科核心素养为目标，通过系统分析课程内容所承载的价值，并根据学生实际情况，整体设计以完成任务为中心的课程学习单元。大单元不是单纯地按照教材章节来划分的自然单元，还包括基于学科核心素养、学生认知规律和学科知识逻辑体系建构而成的主题结构化学习单元。教师在学习单元中引导学生针对某一主题所涉及的重要概念、原理和问题进行深度探讨，将学科相关知识整合在主题所形成的语境下，使学生获得综合、系统的知识、能力和态度，并最终聚焦到核心素养培育上。

大单元教学设计是与课时教学设计相对应的整体统合性教学设计，是指依据学科课程标准，聚焦学科核心素养，对教学内容进行二度开发、整体设计和组织实施的过程。它强调对学习内容进行重组开发，具有鲜明的学习活动主题和围绕主题生成的话题或项目，并由此而确定的学习目标、问题情境、活动任务、一致性评价，这些要素有机关联，组成一个结构化的整体性学习单元。课时教学设计位于微观层面，是按照教材的先后顺序按部就班地实施，教学过程容易出现"只见树木不见森林"的知识碎片化现象。单课相对简单，时间太短，以至于无法考虑大概念的深入发展，也无法探究基本问题和实际应用。换句话说，单课时间太短，不能实现较为复杂的学习目标。当然，单课计划理应依从单元计划：当一堂课被包含在更大的单元和课程设计中时，通常会更有目的性和连接性。大单元教学设计旨在突破课时教学设计固有的局限性，打破传统教学中知识点零散、孤立和割裂的状态，通过整体和系统化教学设计，帮助学生形成连贯的、整合性的知识结构，促进学科核心素养的真正落实。

总之，大单元教学是一种学科核心素养落地、学科育人目标达成的重要教学主张和有效方法论，它有助于从学科角度把握整体脉络，增强内容与育人目标的联系，优化内容组织形式，提高教学的系统性和连贯性，具有整体性、综合性、情境性和开放性的特点，它需要大主题、大概念、大任务、大情境等关键元素的支撑。

大单元教学是从专家思维的视角来衡量学生头脑中是否建构了完整的认知网络，大概念就是这个认知网络的关键联结点。大概念的"大"不是相对于"小"而言的，其具有"深刻而有力"的含义，"概念"也不是一般意义上的具体知识的概念，而是能促进学生产生深刻理解的学科观点和思想。大概念能起到"概念魔术贴"的作用，可以串联知识体系，组织课程内容，统摄学科知识之间的纵横联系，是大单元教学中核心素养落地的锚点和纽带。

大概念的基本特征是：反映学科基本特点和思维方式，建立学科知识之间的本质联系，在经验和事实的基础上，建构概念与概念之间的协同关系，具有普遍的引领性和解释力；阐释或容纳大量的学科知识或跨学科知识，能够把知识进行关联并整合在一起，形成一个连贯的整体，具有包容性和概括性；能抽象出不同的情境化知识所共有的特征，超越个别知识和技能，具有更广泛地迁移应用于新情境之中的价值和作用，具有抽象性和迁移性。

大概念是具有高通路迁移性、极强普适性的高观点，是深度研究和解决问题的重要工具，它应该指向学科核心素养，揭示学科认知本质，具有鲜明清晰的学科观点和思想，大概念可以是一个词、短语、问题或句子，但最好也最常用的表述方式是陈述句。

大概念提取是一项逻辑严谨、思维缜密、高度凝练的推理工作，需要综合运用望远镜思维和放大镜思维相互融通的"双镜"思维范式，也就是宏观建构和微观发掘相结合的思考逻辑。学科大概念具有不同层级，呈现了金字塔结构特征，最高层级是学科性质所规定的大概念，如"劳动是创造物质财富和精神财富的过程，是人类特有的基本社会实践活动""历史学是在一定的历史观指导下叙述和阐释人类历史进程的学科""物理学是自然科学领域研究物质的基本结构、相互作用和运动规律的一门基础学科"；次高层级是学科核心素养所呈现的句子或短语式的大概念，如"会用数学的眼光观察现实世界；会用数学的思维思考现实世界；会用数学的语言表达现实世界""人地协调观、区域认知、综合思维、地理实践力"等；第三高层级是从课程标准中提到的课程内容中提炼出可以跨学段的大概念，如《义务教育语文课程标准（2022年版）》课程内容"基础型学习任务群"中的"语言文字积累与梳理"的大概念可以提炼为：语言材料和语言经验可以积累，并可以形成良好语感；汉字的构字和组词是有特点的，语言文字运用是有规范的，汉字的文化内涵是可以感受的。《义务教育数学课程标准（2022年版）》课程内容中小学部分"数与代数"的大概念可以提炼为：数是对数量的抽象，数与运算关联密切；数量关系主要是用符号（包括数）或含有符号的式子表达数量之间的关系或规律。最低层级是以教材单元为主要载体所提取的大概念，这也是最常用到的大概念。单元大概念可以从教材单元（章）标题、单元导语、单元结束语或内容统整中进行凝练萃取，如部编版历史教材七年级上册第二单元的大概念是"夏商周时期：奴隶制王朝的更替和向封建社会的过渡"；部编版语文教材七年级上册第一单元的大概念是"亲近自然，热爱生活"；人教版数学教材七年级下册第七章"相交线与平行线"的单元大概念就可以确定为"图形之间的位置关系可以通过数量进行刻画"；人教版数学教材五年级上册第六单元"多边形的面积"的单元大概念是"如何将未知转化为已知"。

不同层级的大概念为教学内容的选取或重组提供了凝结核和联结点，其中，单元大概念的提取就是立足单元全局，提高教学站位，突破单元知识之间的壁垒，整体解读单元教学内容，寻绎隐含于单元知识背后的更为本质的内容。对大概念进行提取后，就可以进行大概念视域下的单元知识结构化重组与设计。

（三）以主题为引领，重组情境化教学内容

人类的一切知识起源于劳动实践活动，是从自然现象和生产生活实践中总结、概括出来，抽象出意义，进行升华或符号化的结果。情境化

的教学内容，实际上就是把这些已经抽象出并符号化的知识，再以某种隐含的方式拆解、渗入到具体的情境中而形成的，而学生分析和理解情境、透过情境看到学科知识本质的过程，就是知识生成的过程。

在教学内容资源的开发利用中，教材是基本依托，是例子、是点子、是引子，教学中需要将教材知识重新嵌入具体可感的情境中，引导学生进行探究、完成建构、实现迁移。情境越真实、越复杂，学生的融入感越强，相应的知觉越深入、建构越完整、迁移越久远。情境化的教学内容应充分关注学生的学习需求和发展兴趣，贴近学生生活实际，具有鲜明的时代感和鲜活的生动性。对教学内容进行情境化重组需要以主题为引领，主题是重组内容的根与魂，在不同层级主题的映射下，创设具有不同规格和内涵的生活化情境。

情境之于知识，犹如汤之于盐，知识需要溶于情境之中，才能显示出活力和美感，"情"是指营造情感氛围，形成学习心向，"境"是指提供认知背景，促进意义建构。情境从物理意义上讲，具有客观性，是看得见、摸得着、生活化的学习场景；从心理意义上讲，能唤起学生对知识的渴望和追求，让学生在学习中伴随一种积极的情感体验，问题情境是学习真正发生的逻辑起点。情境化的内容可以避免在教学过程中出现"明白道理，远离真相"的机械性学习现象，让学生在有时间、有空间、有情节、有问题的环境中经历知识学习的过程，让学习真正发生。情境化教学内容的选择应贴近学生认知水平、生活实际和社会现实，使学生能够理解情境；蕴含问题，给学生提供探究的空间；体现关联性，让学生在一个贯穿于全过程的情境中经历思维发展的过程；与课程标准和教科书内容联系，便于学生找到基本的依据和资源。

在义务教育课程标准（2022年版）中，每个学科的课程标准对教学内容的情境化都做了明确的强调和说明，例如，《义务教育语文课程标准（2022年版）》"内容组织与呈现方式"中的"语文学习任务群"由相互关联的系列学习任务组成，共同指向学生的核心素养发展，具有情境性、实践性、综合性；第二学段（3~4年级）"基础型学习任务群"中的"在真实的语言文字运用情境中独立识字与写字，初步梳理常用汉字形、音、义之间的联系"。又如，《义务教育数学课程标准（2022年版）》小学部分第三学段（5~6年级）"数量关系"中的"在具体情境中，探索用字母表示事物的关系、性质和规律的方法，感悟用字母表示的一般性"；"综合与实践"中的"在熟悉的情境中了解具有相反意义的数量，知道负数在情境中表达的具体意义，感悟这些负数可以表达与正数意义相反的量，进一步发展数感"。

主题是情境化教学内容的核心思想指向之所在，可以划分成不同层级，一级主题就是大概念引领下的内容范畴，为整个单元教学内容提供了一个顶层的方向或范围，类似于单元或篇章；二级主题是对一级主题的细化和具体化，类似于节或课；三级主题是二级主题下更具体的细分，类似于目或框。不同层级主题所对应的情境内容定位不同，有从总到分、从略到详、从一般到具体的递变规律。如部编版语文教材六年级下册第一单元对应课程标准中的主题是"中华优秀传统文化"，在这个大主题下形成的本单元的一级主题是"百里不同风，千里不同俗"，根据这个主题，可以先重组一些有关我国传统节日、风俗习惯的素材，包括学生自己搜集的材料和亲身生活体验，作为单元层面的情境内容，引发学生总体上的阅读鉴赏、表达交流以及梳理探究。本单元的二级主题内容是由具体的课文——《北京的春节》《腊八粥》《古诗三首》《藏戏》与口语交际、习作和语文园地组成。对于二级主题下的情境内容，教师在教学过程中既可以遵循教材的结构化内容指导学生学习，也可以根据教学实际情况和当地人文社会特点，进行内容增减、结构调整，形成新的情境化教学内容。三级主题就是课时教学细分后的主题。在课时教学中，教师可以在不同的教学环节中融入新的情境内容，使内容更鲜活丰满、教学更生动深刻、学生更乐于探究。

知识转化为素养的最重要途径就是情境，设置大量情境化内容的教学过程，可以让真实的学习发生。情境化教学内容重组的路径是多种多样的，可以是文字、图片、视频、音频等多种内容形式，也可以在教学流程的不同环节出现，不管以什么内容形式、在什么环节出现，情境应该是教学的重要载体，并真正服务于教学目标需要，其不能仅作为与教学关联不大的"导入"，更不能是贴标签式的形式主义"噱头"，而应该是问题生发的信息资源平台。教师可以围绕情境设计不同层次的问题链条，引导学生开展问题探究式深度学习，在不断解决问题的过程中实现核心素养的达成，并能在后续学习和问题解决的过程中广泛地发挥作用。例如，部编版数学教材一年级下册第7单元"找规律"的教学情境创设：让学生举手报名，选择五位男生、五位女生一起到教室前台做个游戏，从左到右，按照一位男生一位女生的顺序依次排成一队，再请班里其他同学从中寻找并总结出学生的排队规律。又如，部编版数学三年级下册第8单元"分数的初步认识"的教学情境创设：两位学生到讲台前展示如何等分苹果。教师提问："四个苹果，每人能分到几个？""两个苹果，每人能分到几个？""一个苹果，每人能分到多少？"问到分一个苹果的方法的时候，学生们想出了解决答案：用刀切开，一人一半。教师再问大家："半个用数学符号该怎么表达呢？"这种学生亲身参与、亲身体验、自主探究的情境化教学方式，可以更好地激发学生对数学的好奇心、求知欲、想象力，提高从数学视角感悟经验、提出疑问与解决问题的能力。

再如，在进行部编版语文教材九年级上册《乡愁》的教学时，教师首先创设了一段文字情境：乡愁，是我国诗歌中历久弥新的永恒主题，古代文人雅士为后人留下了很多有关乡愁的名篇。例如：李白的《静夜思》——"床前明月光，疑是地上霜，举头望明月，低头思故乡"；杜甫的《春望》——"烽火连三月，家书抵万金"；马致远的《天净沙·秋思》——"枯藤老树昏鸦，小桥流水人家，古道西风瘦马，夕阳西下，断肠人在天涯"。的确，故乡是我们的精神家园，是每个人魂牵梦萦的地方。之后，通过请一位学生对这一小段文章进行深情朗诵，可以创设与《乡愁》教学相契合的环境氛围，引导学生在情感上产生共鸣，更好地理解诗歌的主题与情感表达，为帮助学生更深入地涵泳品味、把握意蕴、体会魅力，创造将情感、思想、意象元素融为一体的隽永意境。

第三章　课堂教学

——乡村教室里的别样风景（下）

教学是在一定时空中，由师生共同建构并实现育人目标的活动过程，它是由"教"和"学"共同构成的有机整体。"教"是指把知识和技能传授给别人，"学"是指通过听讲、阅读、思考、研究、实践等途径获得知识或技能的过程。传统的教学观认为：教学是指教师按照预定的教学方案，在给定的时空里，运用一定的传授理论、技能、手段和方法，对学生进行讲授、辅导、答疑、操作示范等。这种教学观下的师生关系是单向线性的，即教师讲学生听、教师写学生记、教师问学生答、教师演示学生观看、教师布置学生完成。现代教学观认为，教学是以开放性的课程内容为介质，由师生共同参与并在师生和谐交往过程中促进学生发展的活动过程。建立在这种教学观之上的师生关系是平等、互动、共生、共赢下的教学相长。

　　好课并非可以完全量化的格式化实物，而是主要依靠主观描述形成的动态性概念，其没有客观统一的测量标尺和权威定义，也没有一成不变的模板，不同的人观摩一堂课后，也会产生仁者见仁、智者见智的观点，正犹如欣赏一道风景时，因观赏者不同、观看角度差异，可能出现"横看成岭侧成峰，远近高低各不同"的互异结论。

第三章 课堂教学
——乡村教室里的别样风景（下）

一、教学过程重构：行动建模

教学过程是指教学活动在时间上连续展开的程序结构，包括教学方法的运用、教学行为的选择和教学模式的建构。在课程改革逐步深入的大背景下，乡村学校的教学过程重构，也就是教学方法的优化、教学行为的改进、教学模式的革新，势在必行，这也是乡村学校教育教学行动模型的重新塑造。

（一）方法优化：教学过程重构的基本途径

教学方法是指师生在教与学的双边活动中为了有效完成教学任务、顺利实现教学目标所采取的方式与手段。教学方法是在教学过程中，把教师、学生、内容、环境等要素有机串联起来的必备工具，优化的教学方法是教学过程重构的基本途径和关键突破。

1. 教学方法不拘一格

教学实践中的教学方法种类繁多，没有哪一种方法是绝对好或不好的，每种方法都有其各自的特点、适用范围和条件，都有"一把钥匙开一把锁"的妙用。在教学过程中，不能拘泥于某一种教学方法的使用，应充分发挥不同教学方法在特定背景下促进学生学习的功能最大化效应。

以语言传递信息为主的方法是一类历史悠久、源远流长的教学方法，它伴随人类的教育教学活动而产生，包括讲授法、谈话法、讨论法和阅读指导法等。从某种意义上讲，谈话法、讨论法和阅读指导法是讲授法的拓展和变式。讲授法是时间最古老、应用最普遍的教学方法，但也有人认为讲授法是教师单向灌输和学生消极被动地接受的过程。引起这种争议的部分原因是，在实际应用讲授法的过程中，一些教师并没有做到扬长补短，在描述情境、叙述事实、解释概念、论证原理和阐明规律时没能科学地发挥讲授法在深刻性、通俗性、高效性、系统性等方面的长处和优势，没能做到对讲授内容的真知灼见与旁征博引，也未能达到讲授方式的深入浅出和循循善诱，会出现不分对象、不分重点、不分时长的"满堂灌""填鸭式"讲授，这种超时、超快、超标的超限讲授只能是低效或无效的，甚至会产生逆向效果。

通过实物或直观教具演示、组织教学性参观、开展科学实验等方式来获得知识、形成技能和发展素养的直接感知教学法包括演示法、参观法和实验法。这类教学方法具有形象、直观、真实、具体的特点，强调了实践性、现场感和体验性，能激发和强化学生的学习兴趣，培养学生的科学探索精神和实践探究能力。这类教学方法一般需要较多的时间，它需要与以语言传递信息为主的教学方法紧密配合，才能产生较高的教学效率和良好的教学效果。

以问题解决为主的教学方法是注重培养学生发现问题、提出问题、分析问题、解决问题能力的教学方法，它强调培养学生的问题意识、探究能力和创新思维。以问题解决为主的教学法可以增强学生学习的主动性和创造性，引领学生深刻感悟知识的生成过程和应用价值，充分尊重学生的个性化发展需要和独立完成任务的自主意识。这类教学方法主要包括案例教学法、发现教学法、探究教学法和情境教学法等。在应用这种教学方法的过程中，教师应注意避免出现知识系统性被割裂或碎片化和所要解决的问题的个性化和共性不兼容的现象。

2. 教学方法基于发展取向

随着社会经济的迅猛发展和科技革命的不断加速，人才培养的目标和要求也在发生显著变化，作为实现课程育人目标重要途径的教学方法，必然要有新的精神内涵和发展路向。

教学方法的发展应以学生的学习为中心。在课堂教学这个体系中，谁是主体的问题看似已经解决，几乎每位教师都会不假思索地说出"学生是课堂的主体"，尽管在教学实践中，尤其是在教学方法的使用方面，并不能完全做到如此。从以教师为中心到以学生为中心，仍然是以"角色"为中心，这反映了两者之间的二元对立关系。实际上，课堂教学是由三条线交织构成的系统整体，一是反映知识演化逻辑顺序的知识线，二是反映学生学习心理顺序的认知线，三是反映教学活动时空顺序的教学线。教师的"教"和学生的"学"都是围绕学习进行的，他们构成了课堂中的学习共同体，因此，如果从超越以教师为中心和以学生为中心的对立以达到统一的视角进行审视，课堂教学应该是以学习为中心的。以学习为中心的课堂中，师生的角色意识淡化，问题意识增强，可以在解决学习问题的过程中真正实现教学相长。在课堂教学的中心发生变化的背景下，教学方法也必然做出相应的变革与优化。

教学方法的发展应以素养目标为导向。教学方法是教学目标达成的重要手段，教学目标是教学方法选择的方向指引，学科核心素养是教学目标制定的根本依据。进行不同学科、不同单元课程的教学时，其核心素养目标的具体要求和达成路径不尽相同，实现目标的方式也有差异，教师在选择教学方法的时候，就应该本着多元、开放的原则进行科学、合理的选择。有的教学方法在培养学生正确价值观方面可以做到有效、有力，有的教学方法可能更适合必备品格和关键能力目标的达成，有的教学方法也许更具有综合育人的优势。正是有了具体、清晰并与课程改革同步的素养教学目标，教学方法的选择才能更全面、更准确、更见效，反之，教学方法的选择和使用则会是盲目或随意的。

教学方法的发展应融合现代信息技术。随着信息技术的飞速发展，其在教育教学中的应用越来越广泛,已经成为教育教学的有机组成部分,多媒体教学、在线学习、虚拟现实、增强现实、大数据、人工智能等现代技术手段为教学方法的创新提供了崭新的发展空间和有力的技术支持,学生获得教学资源的渠道和自主探究学习的渠道越来越多,师生相互作用的条件也呈现多样化和个性化的特点。在这样的时代背景下,教学方法的选择应充分关注个体的适应性,注意加强个体学习的参与度,注重发掘学生的个性潜能,真正做到因材施教和分类指导。

3. 对教学方法进行灵活运用

教学方法种类繁多,每种教学方法都有其独特的价值和功能,不可能运用一种万能的教学方法去完成不同情境下各种复杂的教学任务,而且,学生素养水平的提升、学习兴趣的激发、学习驱动的强化、学习积极性的维持都需要通过多种教学方法的组合来实现。教师都应根据教学目标、教学内容、教学对象、自身特点和教学条件的不同,灵活运用特质各异的教学方法。例如,根据学情选择教学方法,学情是指学生现有的知识水平、认知能力、学习动机与学习习惯等状况。不同年级的学生对同一种教学方法的适应程度不同,不同班级甚至同一班级的学生对某种教学方法的适应性也会有明显的差异。对于乡村学校的教师来说,全面、准确地研究学情特点,有针对性地选择和使用合适的教学方法,显得特别重要。例如,根据教师的综合素养选择教学方法。教师教学的综合素养包括专业知识、专业技能、基本素质和个人风格等。教师在教学过程中应当充分认识到自己的教学优势和不足,选择既适合自己又有利学生发展的教学方法,这样才能最大限度地发挥教学方法的功能和作用。当然,教师应该在实践中不断地提升和完善自身的综合素养,丰富教学方法的使用类型,优化教学方法的综合应用。例如,根据教学环境选择教学方法。不同学校的教学设施、空间场所、时间安排等教学环境的差异性很大,这对教学方法的使用也有一定的影响,在教学环境好的学校，教师在教学方法方面会有更多的选择，反之，就会在某种程度上制约教学方法的选择或教学方法效能的全面发挥。对乡村学校的教师来说，要能最大限度地应用学校现有的教学环境资源，促进教学方法选择的多样化和差异化。

在教学实践中，可以遵循基本的流程进行教学方法的选择：首先是明晰影响单元或课时教学的各种因素，确定选择适切的教学方法的基本准则；其次是广泛搜集有关教学方法并充分理解每种教学方法的不同内涵，掌握各类教学方法的适用范围和使用条件；最后是对备选的教学方法进行分析、比较和筛选，选择最合适的教学方法或方法的组合。教学是一种艺术，尤其是教学方法，更是一种创造性的选择和运用。面对鲜活生动的课堂教学，教师不能孤立、片面、机械地择取和应用教学方法，更不能希冀找出一种通用的教学方法，而是要根据教学实际需要和学生发展的需求，进行灵活选择和创造性使用。

（二）行为改进：教学过程重构的底层逻辑

教学行为是指教师和学生在教学过程中，为完成预设的教学任务，实现既定的教学目标所采取的进程性行动。教学行为实际就是有关教学要素的相互作用，包括师生之间、生生之间的相互作用，还包括师生与教学环境之间的相互作用。一个完整的教学行为系统包括：教学准备行为，即教学设计行为；教学过程行为，即教学实施行为；作业评价行为，即作业设计、布置与批改行为；课外辅导与答疑行为；教学评价与反思行为；等等。

教学行为是教师教学观念的外化和施教的媒介，是教学技术与教学艺术的有机融通，构成教学活动的细节和内容，是教师专业形象的基本呈现方式，是教学系统中最具能动性的部分，也是教学的主导性要素。

它涵盖了教师在教学过程中的各种具体表现，如言语行为、非言语行为、教学组织与管理行为等。从教学行为与教学方法之间的关系方面来看，可以说，教学方法是教学行为的指导原则和策略，教学行为则是教学方法的具体呈现和实施。在教学活动中，教师需要根据教学目标和学生的特点，选择合适的教学方法，并通过具体的教学行为来践行这些方法，以促进课堂教学的高质量构建。广义的教学行为系统贯穿于课前、课中和课后三个阶段，其中，课堂教学中的行为有导入、讲授、提问、指导、观察、倾听、管理、评价、结课等。

1. 课堂教学的导入——随风潜入夜，润物细无声

导入是教师在一个新的教学内容或教学活动开始时，基于教学目标，利用一定的手段或方法，引导学生关注课堂内容，从而进入学习状态的行为方式。有效的导入可以营造良好的学习氛围，调动学生的情绪和认知注意，唤起学生的学习兴趣和探究欲望，激发学生的学习动机和内驱力，使学生开启深度思维。这些作用如同春雨，悄无声息地滋润着学生的心田，为学生后续的学习活动打下坚实的基础。

课堂教学的导入行为，从其主体内容来看，"导"是指教师通过一定的手段对学生的学习进行积极引导，"入"是指学生跟随教师所创设的学习情境进入学习氛围。导入的实质就是师生之间的有效交往和积极互动，是开启教学过程的关键环节。如果导入环节设计不好，学生的注意力很难聚焦，完成学习任务的心理准备不足，对教师给予的各种学习刺激视而不见或充耳不闻，也就是所谓的"导而不入"或"导而不灵"，从而使整个课堂的学习效率和效果大打折扣。

导入环节的设计要与教学目标相一致，围绕目标要求进行导入内容或形式的选取，如果脱离目标而行，最可能的结果是导入与教学背道而驰。导入要具有启发性，能够引发学生深入思考。导入不是没有丰富内涵的标签或"雷声大雨点小"的形式，导入的内容和方式要能体现问题性和探究性，要具有能激活学生思维、启发学生思考、促进学生新知生长的基本属性；导入要具有多元包容的差异化适应性。教学是复杂多变的鲜活生态体，教学对象、内容、环境及教师本身都有很大的差异性，因此，不存在"包打天下"的导入范式，每个导入的设计都应具有个性化的特征，有了个性化，才能拥有人性化。有的导入重在入境地学习的引导上，有的导入具有"一导到底"的穿透性和扩张力，教师在设计导入时，要学会因材施导，因势利导，防止在教学过程中出现导入的"水土不服"问题。

导入的方式多种多样，如直接导入法、温故导入法、经验导入法、设疑导入法、演练导入法、情境导入法等，其中，经验导入法、设疑导入法、演练导入法都属于广义上的情境导入法，导入主要的功能是通过教师的巧妙设计、灵活运用，将学生的观察力、注意力和思维力迅速有效地集中到特定的教学任务和教学程序中。例如，在部编版数学教材三年级上册"分数的简单计算"教学中，教师利用生活中的问题情境实施导入，并且"一导到底"，始终用这个情境问题对整节课进行引领。教师创设情境：一块月饼，爸爸吃了八分之二，妈妈吃了八分之一。教师提出问题："根据这些信息，想一想，你能提出哪些数学问题呢？"之后提出具体问题。问题1：爸爸和妈妈谁吃得多？多吃了这块月饼的几分之几？问题2：爸爸和妈妈把这块月饼吃完了吗？如果没吃完，一共吃了几分之几的月饼？问题3：这块月饼还剩几分之几？

2. 课堂教学的讲授——师者，传道受业解惑也

讲授是指教师运用口头语言向学生传授知识、方法、技能，并进行思想教育的教学行为。讲授可以使学生在较短时间内获取较多知识信息，具有效率高、成本低、容量大、适应性广、系统性强的特点。讲授也存在自身的某些局限或不足：教师进行单向的信息传输，学生自主学习时间较短，多面向全体，难以顾全个别差异等。因此，在教学实践中，应根据教学行为多元兼容、通融互补的特点，恰当运用有效的讲授策略，发挥讲授的最大优势，让这种传统的教学行为焕发新的生机与活力。

在科技革命日新月异、教学方式层出不穷的当下，课堂中的讲授依然是不可替代的教学行为。为什么传统的教师讲授仍旧会历久弥新呢？这就要回答好"为何讲""讲什么""谁来讲""怎样讲"的教学命题。知识的产生是一个复杂而动态的过程，它源于外部世界，同时，来自前人的积累和传承，在相对有限的学校教育教学时空内，学生不可能亲身经历和体验所有知识的产生过程，即使在教学方式不断变革的今天，讲授依旧是浩繁的人类文明成果高效传承的重要方式。所以，问题的关键是教师在课堂上讲什么、讲多少、何时讲、怎么讲。

课堂上，教师讲授的内容要充分考虑学生已有的认知结构、身心发展特点、课标要求、教材内容、教学情境和课堂结构等因素。可以在教学的开始之时讲授。单元、课时的课题是教学内容的高度凝练，是整个文本的点睛之笔，有效破题也是打开高品质教学的金钥匙。例如，在进行部编版语文教材五年级上册第一单元的教学时，一位教师是这样进行单元和课时的开题讲授的：

先看单元导读，"一花一鸟总关情"，看到如此富有诗情画意的主题，你是不是已经浮想联翩了？那林间的小鸟纵情歌唱，公园的鲜花朵朵怒放，这些美好的事物不仅让生活多姿多彩，更激发了我们每个人对自然的赞美，对生活的热爱，同时，真实而丰富的情感也借助这些事物自然地流露，可见，这一花一鸟中藏着大千世界。今天，就让我们一起去其中探秘吧。现在，让我们先走进郭沫若笔下的《白鹭》，开启本单元的学习之旅吧！"西塞山前白鹭飞，桃花流水鳜鱼肥""两个黄鹂鸣翠柳，一行白鹭上青天"，读着这些耳熟能详的诗句，你的眼前是不是已经浮现了白鹭那优美的身姿呢？古人看到白鹭后吟诵出流传千古的名句，郭沫若先生见了它，也被打动了，于是成就了我们眼前这篇文质兼美的散文——《白鹭》。

教师可以在学生思维顿挫、茫然不解时进行解惑答疑式讲授。对于学生通过自主合作探究就能解决的问题，不宜讲授过多，学生遇到学习障碍和困难，感到迷惘无措、思维停滞时，教师就要进行"雪中送炭"式的讲授，尤其是在解决问题的思路和方法上，通过精讲启迪，能起到举一反三、触类旁通的效果。教师可以在学生展示探究成果后进行小结评价式讲授。探究学习成果展示是教学活动的重要组成部分，也是教学评价的基本依据。在这个环节中，教师讲评式的讲授就显得尤为关键，因为，通过教师的讲授，可以系统地评价学生解题思路的正确性、方法运用的灵活性、已知迁移的有效性和新知获取的完整性。

课堂正由"一言堂"变为"群言堂"，学生也拥有自己的思想权和话语权，教学中的讲授主体不仅是教师，也可以是学生，这种多元讲授主体的课堂教学不是对教师"传道授业解惑"价值的否定，而是旨在激发学生的主动性、创造性和表现力，提升课堂教学的深度、宽度和温度。根据美国著名学者爱德加·戴尔提出的"学习金字塔"理论，在"听讲、阅读、视听、演示、讨论、实践、教授给他人"七种学习方式中，前四种属于被动学习，后三种属于主动学习，其中"教授给他人"这种输出式学习的效率最高。

对课堂教学讲授行为来说，聚焦的关键不是该不该讲的问题，而是如何做到讲授质量的提升。有品质的讲授不会妨碍学生的自主探究学习，反而会使学生在听讲过程中激起浓厚兴趣，引发深度思维，唤醒内在潜能。在讲授过程中，教师要有充分的预设性，做到知识广博、见解独到、思想开阔；要有严密的科学性，做到内容准确无误、逻辑推理严密、符合认知规律；要有生动的启发性，做到设问激疑、诱导点拨、形象鲜活。总之，好的讲授要能讲出"道儿"——学科思想之道；要能讲出"招儿"——学习方法之招；要能讲出"味儿"——课程文化之味。课堂上，教师要能灵活运用多种类型的讲授方法，如讲述、讲谈、讲读、讲解、讲评等，让不同类型的讲授在适宜的教学场景下都能发挥其最大的效用。

3. 课堂教学的提问——风乍起，吹皱一池春水

提问是指教师根据学生已有的认知水平和生活经验，向学生提出有思考价值或实践价值的问题，通过师生、生生交流互动，促使学生经历学习的过程，从而获取知识、发展能力、形成观念、生成素养的教学行为。提问可贯穿于整个教学过程之中，是维系师生思维活动的桥梁和纽带。

问题是教学的逻辑起点，恰到好处的提问可以很好地激起学生的学习动机和探究兴趣，使学生对未来学习充满强烈的好奇心和求知欲；可以激活学生的深层思维，引导思考的方向，开拓思考的广度，提高思维的深度，养成思维的习惯，完善认知的结构。好的提问犹如"一石激起千层浪"，可以使师生发现或生成新的问题和挑战，为学生进一步深入学习提供优质课程资源；可以增进师生的交流对话，及时获取评价信息。提问是对学生学习行为的唤醒和激励，为学生创造发表观点、表露情感的平台和机会，是实时反馈不同学生差异化学习的真实状况、诊断教师在教学中存在的问题与不足，及时调整与改进教学方式的重要通路，精准的教学提问就是有效教学评价的信息之源泉、教学质量提升的力量之聚合。

例如：在进行部编版语文教材三年级上册《秋天的雨》一课的教学时，教师首先围绕题目进行设问："同学们，请大声读出课文题目。……这是什么季节的雨呢？看到这个题目，你有什么疑问吗？……

很好,先根据你的亲身经历,说说你体验过的秋天的雨是什么样子的。……好的,下面我们再共同细细品味一下作者笔下的秋雨又是什么样的。"这样,师生互动交流的问题串一经提出,学生就会有一种强烈的学习兴趣和主动探究的渴望。

其次,一篇或一段文章一般都有一个关键的句子,教师抓住这样的句子进行抽丝剥茧式的问题设计,往往可以起到牵一发而动全身的作用。例如,教师围绕关键句子进行提问:"文章第一自然段中说道,'秋天的雨,是一把钥匙',生活中,钥匙是做什么用的呢?……是的。那么秋天的雨这把钥匙又打开了什么的大门呢?……好的,你想知道秋天的雨所打开的大门里面都有些什么吗?"

在提问时,要根据教学目标进行精心设问,应做到每一个提问都问有所值,问有所获,提出的问题能够围绕实现教学目标和完成学习任务的目的而进行解决,并且都能落在学生的"最近发展区"内,真正达到"跳一跳摘果子"的目的。要创设问题情境进行设问,通过创设生活化、具有新颖性的真实情境,提出有探究价值的问题链,促使学生调动已有的知识储备,进行新情境下的知识迁移应用,也正是通过不断解决新情境中的新问题,学生的学科素养得以培育和生成。

要把握好"两度"进行设问,要关注提问的密度,做到提出的问题疏密有度,张弛有度,既不能只讲不问,也不能问而疏讲;要关注提问的梯度,做到"善问者如攻坚木,先其易者,后其节目,及其久也,相说以解"。也就是说,提问要从学情出发,按照学生的认知规律,由易到难,由简到繁,由浅入深,层层推进,步步深入,把学生的思维一步一个台阶地引导到学习的新高度上。

要构建提问的逻辑链条,以保证提问环节的完整性和提问效益的最大化。完整的提问逻辑链条包括"发问—候答—叫答—理答"四个环节,每个环节都是不可或缺的。发问是提问之发轫,是指在某种学习背景下，教师选准时机而提出的一个或一组问题；候答是指发问后学生思考和组织答案时教师等待的时间；叫答是指明确发问对象，指明由某位学生或学习小组回答问题；理答既是一种教学行为，也是一种教学评价，它是教师对学生的回答做出的即时评价，是重要的课堂教学对话，直接反映了学生的学习现状和改进方向，也影响着学生进一步学习的兴趣与态度。

要学会适时适度追问，拓展学生学习的深度和广度。追问是教师针对学生的回答进行的有针对性的再度提问，是"打破砂锅问到底"的穷追不舍，是启发学生深入思考、拓展学生学习思路、挖掘学生学习潜能的重要手段，对培养学生思维的深刻性和敏捷性有着不可替代的作用。很多教师在课堂上追问稀缺，更多的是追问乏术，这主要表现在：追问与前面的问题没有深度关联，随意性很强；时机把握不准，常轻易打断学生发言；问题缺乏质量，不能深化学生思维；问题预设有余，课堂生成不足；只顾问题提出，理答呼应缺位；等等。好的追问是一门精彩的教学艺术，它要求问题衔接，结构合理，逻辑严谨，重点突出，情感互动，解决彻底。高质量的课堂追问，往往能把学生带入一个奇妙的问题世界，是提升学生分析问题、解决问题能力的有力举措。

4. 课堂教学的倾听——耳朵是通往心灵的路

课堂倾听是指在教学过程中，教师以一种充分尊重的姿态，细心、耐心、包容地听取能反馈学生心声和情感的言谈的教学行为。倾听是一种能力、一种品质，也是一种修养和境界，是师生之间认知、情感、行为良性互动的紧密联结，也是师生学习共同体中话语权的良好切换。教育就是一种"倾听"，它标志着教育其实是在师生之间"听—被听"结构范式中彰显更具人文意蕴和精神往来的关系性结构。

倾听可以缩短师生之间的心理距离，增强师生之间的认同感和同理心，引领学生在一种有温度的教学时空里充分表达自己的真实意见和内心想法，唤醒学生的自主学习意识，激发学生自我成长的内驱力，使学生在被承认、被需要的情感中体察到自我存在的价值。通过倾听，教师可以实时掌握真实发生的学习状态，发现学生在学习过程中存在的真实问题和内在发展需求，了解学生学习的快乐、求知的渴望或者闷闷不乐、厌倦无感的心理状态，唯有通过倾听，教师才能进行真正的教学反思和教学改进，也才能在学生的学习呼唤中不断提高自己的专业素养和教学效果。

在教学过程中，真正的倾听要以师生平等、相互信任、彼此尊重的原则为基础，这就要求教师营造兼容、接纳、支持的课堂教学氛围，学会蹲下身子、目光平视，全神贯注、诚心诚意地与学生进行互动交往。在倾听时，教师不能心不在焉、左顾右盼，而是要带有期待的眼神、鼓励的表情和欣赏的目光，或颔首沉思，或会意微笑，或缄默不言，要全面准确地捕捉学生发言中的关键信息，并快速做出完整分析与精准判断。

真正的倾听还要做到全面、客观、公正地对待每一个学生，让每一个孩子都能享受到"被听"的权利和机会。所谓全面，是指倾听对象的全体性和倾听内容的完整性，教师不能只倾听一小部分学生的发言，也不能只愿意倾听与事先所设定的结论相一致的想法，而对学生发出的不同的声音表现出不屑、厌烦或挖苦、讥讽的态度。所谓客观、公正，是指要倾听来自不同学生发自内心的真实见解，他们的观点尽管可能是碎片化的、浅显的甚至很稚拙的，却是真实的生成性学习资源，教师不能强行引导学生按照自己设计好的话语流程进行发言，并用自己的观念来取代学生的思想，而应切实做到"有听无类"。

有效的课堂倾听也要做到教学行为的复合与融通，使课堂教学中的提问、指导、观察、管理等行为与倾听行为之间实现珠联璧合、相得益彰。提出问题、引导思考、充分表达是倾听的基本前提，提问不是教师的专利，而是教学过程中师生之间互问互答的双向选择，教师要鼓励学生主动提出问题，并耐心细致地倾听和思考学生所提出的问题，从学生提出的问题之中发掘出学生学习的兴趣点、疑难点、障碍点和突破点，以利于更有针对性和方向性地调整和优化教学实施。追问是教师有效倾听的延续和拓展，是主动倾听后的积极表达，是教师对学生学习水平和能力的认可和信赖，是课堂教学向深度发展的重要标志，也深刻意味着师生间协调相生的对话体系的确立与转化。在倾听过程中，教师还要学会进行敏锐观察，如观察学生的学习状态、肢体语言和周围环境，以更全面准确地对学生的言语表达及深层次的学习状况做出综合判断。教师倾听学生发言时，应观察学生的学习兴趣是否浓郁、学习情绪是否丰盈、专注程度是否持久；当进行小组合作学习时，教师在倾听过程中应观察学生是否能够积极主动地参与和全身心地投入，是否能够创造性地提出问题和发表独到想法，是否能够相互尊重和平等相处。倾听过程中和倾听后的适时引导和中肯反馈是教学评价的重要组成部分，也是学生成长与进步的关键推力。在倾听过程中，教师不能任意中止学生的表达，但当学生遇到思维障碍而导致发言受阻时，教师要恰到好处地进行点拨、鼓励和启发，以拓展学生的思维空间和提升学生的思维水平，让学生有峰回路转、豁然开朗的顿悟感。

（三）模式革新：教学过程重构的基础承载

万事万物皆结构化，方能有序运行。课堂是一个系统，结构决定着系统的功能。教学活动是在一定的时空范围内发生并展开的。从空间视角来看，教学活动就是根据一定的教育理论，确立教学系统中相关要素的课堂地位，并维持各要素之间的结构性关系；从时间维度来看，教学活动要表现出环节的阶段性和程序性。因此，在一定的教学理论、教学目标、教学内容和师生活动下,课堂教学过程都会呈现相对稳定的教学样态,也就是课堂教学的基本范式,即教学模式。教学模式可以定义为根据一定的教学思想或理论,基于设计和组织教学的需要所构建的不同类型的、相对稳定的教学活动结构化框架和比较固定的教学活动实施程序。因此,教学模式是特定教育理论精简并具体化的呈现方式,是通过揭示所遵循的理论本质特征而形成的教学实施程序,能为学科教学提供模式化的教学法体系。

1. 教学模式的建构

每一类教学模式的形成都是有关要素相互作用下的系统建构。首先是教育思想或教育理论的先行指导与价值取向。教学模式是抽象的教育理论得以发挥其教学实践功能的关键环节,搭起了一座理论与实践相互沟通的桥梁。如果没有正确的理论指导,教学模式便难以得到有效建构,更不可能发挥其纽带作用。如"传递—接受式"教学模式,是根据行为心理学所做的原理设计,尤其受美国行为主义心理学家斯金纳操作性条件反射的训练心理学的影响,强调学生按照教师期望的方式去行动,教师通过控制学习者的行为达到预定的目标。再如"探究式"教学模式,其理论依据是皮亚杰和布鲁纳的建构主义思想,以问题解决为中心,注重学生的前认知,强调体验式教学。其次是教学目标的方向引领和系统主导。任何教学模式的建构和应用都是为教学目标的达成服务的,教学目标与教学模式之间的内在统一性影响并制约着教学过程中师生的组合关系和角色特征,规制着教学模式的基本架构和活动流程。如"传递—接受式"教学模式是以传授系统知识、培养基本技能为目标,"探究式"教学模式着眼于培养学生发现问题、提出问题和创造性解决问题的能力以及学生的参与意识与合作精神,基于此,就形成了两种特质迥异的教学模式。教学模式的结构元素还包括以下内容:教学实施的保障条件及其有效组合,如学生、教师、内容、环境、时间和手段等;

对每种教学模式下完成的教学任务、实现的教学目标进行评价的方法和标准。每种模式的特殊性使得教学评价方法和标准也具有不一样的内涵。

教学模式中的操作程序是最具外显性和可执行性的构成要素，是课堂中教学活动实施的先后顺序和逻辑步骤，每种教学模式的构建都必然有一个相对稳定、逻辑自洽的程序结构。教学模式流程并不是单一的线性化教学路径，它强调的是教学板块的逻辑关联和时间序列，着眼于教学活动中师生共同完成教学任务的机制和措施。每种教学模式在导向特定结果时所遵循的程序步骤和每一环节所承担的活动内容差异很大，从而形成了一种教学模式下具有一个教学流程的基本教学样式。例如："传递—接受式"教学模式的教学流程可以是"组织教学—复习旧课—讲解新课—巩固新课—布置作业"五个环节；"自学辅导式"教学模式的教学流程可以是"自学—讨论—启发—交流—总结"五个环节。

教学模式的要素构成决定了其基本特点如下。一是相对稳定性。每种教学模式都是大量教学实践的理论化凝练，是教学理论的具体化表现，是教学活动普遍性规律的揭示和总结，在理论上能自圆其说，在实践中有始有终，但其教学模式又打上了时代性和发展性的烙印，因此具有相对的稳定性特征。二是明确的导向性。任何一种教学模式的应用都是在特定教学背景下最可能的合理化选择，没有哪种教学模式是最好或最差的之说，更没有放之四海而皆准的教学模式，每种模式往往具有特定的实用性，关键是看该种教学模式的应用是否有利于教学任务的完成和教学目标的实现，尤其是能否促进学生学科核心素养的高质量发展。三是灵活的操作性。教学模式对教师的课堂教学行为有了相对具体明晰的设定，其程序性、结构化表征使得教育理论变得可操作、可量化。但具体到特定的教学内容中，每种教学模式又是相对的概括和抽象，对教学模式的实践应用必须充分考虑并依据教学内容、教学条件、基本学情等实际状况，进行主动灵活适应，以做出相应的再度开发或优化组合。

2. 教学模式的选择

在教学实践中，教师选择有针对性的教学模式开展教学，可以减少经验主义和盲动主义教学，避免所有教学活动在"摸着石头过河"的过程中不断试错和纠错，从而导致教学效率低下、教学资源浪费，过于增加教学成本和时间。如何让课堂教学充满"模"力，是每位教师在教学实践中需思考并探索的重要问题。

对于每节课而言，应该选取的教学模式都有其共性和个性需要，首先，要明确单元和课时教学目标，根据预设的教学策略、学习过程及学习结果，对应采用何种教学模式做出最合适的选择。其次，要准确分析学情。学情不同，教学策略、学习方式、学习结果等都会存在较明显的区别，因此，在教学模式的应用上，要能根据特定学情的实际需要，进行阶段性、进阶式的选择，不能生搬硬套。再次，要全面评估教学资源的支持性功能。教学资源包括教材、设施、设备、技术等，这些资源是教学得以顺利实施的保障和支撑。不同的教学模式对教学资源条件的要求不尽相同，不同的教学资源条件也直接影响着教学方式和方法的选择，因此，教师应系统性地评价学校和个人所掌握的有效教学资源，并充分、合理利用这些教学资源来支持所选的教学模式。最后，要注重教学模式应用过程中的反馈和评价，根据教学实际需要，及时进行灵活调整和实践创新，要有多元、综合、动态的教学观念，防止教学模式在应用时出现机械性的模式化、程式化问题。

"情境创设—问题驱动—合作探究—拓展应用"课堂教学模式

一、案例背景

以北师大版数学教材三年级上册"分一分（一）"一课为例，探讨如何在小学课堂中运用"情境创设—问题驱动—合作探究—拓展应用"的教学模式，引导学生主动参与学习过程，初步理解分数的意义，培养学生的数学思维能力。

二、教学过程

（一）情境导入，激发兴趣

1. 教师依次出示四个苹果、两个苹果、一个苹果，让学生计算平均分给两个小朋友时，每人能得到多少？

2. 学生在平均分一个苹果时，发现无法准确表示每个人分到的量。

3. 引出课题：今天我们进一步研究平均分，学习"分一分（一）"一课。

（二）问题驱动，探究新知

1. 认识二分之一

（1）画一画：教师演示将一个苹果平均分成两份，让学生想办法进行表示并介绍自己的想法。

（2）说一说：每份就是这个苹果的二分之一，二分之一表示什么意思？

（3）比一比：和你表示二分之一的方法相比，哪种更好？

（4）涂一涂：你能涂出下面图形（图略）的二分之一吗？涂一涂，说一说。

（三）合作探究，巩固应用

1. 动手操作

给每组学生发放一些图形纸片（圆形、正方形、长方形等），让学生利用折一折、涂一涂的方法表示更多分数。

2. 交流展示

各小组派代表展示操作过程和结果，教师引导学生进行评价和补充，并强调平均分、总份数和取的份数等概念。

3. 总结提升

介绍分数及其读写方法。

(四)拓展应用,联系生活

1. 引导学生寻找生活中的分数,例如:比萨、蛋糕、巧克力等。

2. 组织学生进行"分一分"游戏,将不同形状的纸片平均分给组内成员,并用分数表示每人分到的部分。

三、案例分析

本案例采用了"情境创设—问题驱动—合作探究—拓展应用"的课堂教学模式,其核心内涵可以用"12345"概括为:一个核心,即自主型课堂的构建;两个基点,即有效性和目标性;三个阶段,即输入、消化、输出;四种能力,即自主学习能力、沟通合作能力、表达交流能力、体验创新能力;五个环节,即学、练、做、讲、评。其中,五个环节相辅相成:学是知识输入环节,是课堂教学的基础和重点;练、做是知识消化吸收环节,是课堂教学的途径与方法;讲是知识输出环节,是课堂教学的手段和有效形式;评是反馈评价环节,是课堂教学的桥梁和纽带。这种模式展开教学,能够让学生进行自主探究和合作交流,将数学知识与生活实际紧密结合,有效地激发学生的学习兴趣,培养学生的数学思维能力和解决问题的能力。

(案例创作:邹贵锋)

目前,我国课堂教学实践中常见的教学模式有以下几种。讲授式,也叫传授—接受式,最常见的是教育家凯洛夫的"组织教学—复习旧课—讲解新课—巩固新课—布置作业"五环节教学模式,该模式强调教师的传授作用,注重教师的权威性,认为知识是从教师到学生的一种单向传递。自学辅导式,是指在教师的指导下学生独立自主进行学习的模式。这种教学模式选择学生比较感兴趣并且难度适宜的教学内容进行自学，要求教师有很强的教学组织能力和很高的启发指导水平，可以培养学生独立思考的能力。案例式，这种方式选取蕴含学科本质因素的典型案例，引导学生对案例进行分析研究，从中归纳、提炼出一般性的原理规律，并能将总结出的原理规律在新的情境中进行迁移应用。这是一个由具体到抽象再到具体的认识事物过程。探究式，也叫问题式教学模式，注重学生自主合作探究精神和创新能力的培养。探究式教学设计的一般流程是：在真实的世界中创设情境，这种情境基于课标，将真实情景中的学科问题化，生成的问题要具有体验性、探索性和意义，之后，引导学生对提出的问题进行自主建构和合作探究，提出解决问题的方案，方案要具有自主性、开放性和多元性，学生应能够对通过探究得出的结论进行验证总结，展示成果，进行评价反馈。成果的形式应多样，评价标准要关注证据性，应能够将探究成果推广应用到新的真实情境中，解决新的问题。在整个问题解决的全过程中，要重视过程性评价，包括对学生学习行为、思维和情感等方面的评价。基于整体建构的大单元教学、基于真实问题解决的项目式学习、基于综合育人的跨学科主题学习都可以用于问题探究式教学。

3. 教学模式的演进

任何模式都不是僵化的教条，而是既具有相对稳定性又在发展变化之中的，随着教育改革的不断深入和教育技术的迅速进步，教学模式在不断创新和优化。

教学模式建构的理论基础呈现多样化趋势。在教学模式建构的发展进程中，行为主义、认知主义、建构主义、人本主义等学习理论都在不同阶段起着各自重要的作用，系统论、控制论、信息加工理论等的产生，对教学实践产生了深刻的影响，也给教学模式建构提出了许多新的课题。教学模式建构的理论基础在教育学、心理学、系统论、信息论、控制论、管理学、工艺学等领域呈现融合化趋势，这也使得教学模式在实践中出现了"百花齐放、百家争鸣"的繁荣局面。

教学模式的核心指向呈现以学习为中心的趋势。教学模式从以教师的教为中心不断向以学生的学为中心转变,重视教学活动中学生的主体地位,强调学生的积极参与。实际上,教学模式既不是单一的"教师的模式",也不是单纯的"学生的模式",而应该是趋向二者辩证统一的"学生教师并重"的关系,其立足点和生长点都是围绕学生的学习活动而建立的,因此,建构教学模式的理论依据、环节序列都应该充分考虑学生学习的发展性和持续性。

教学模式也呈现了利用新技术进行重构的发展趋势。教学模式建构日益现代化,越来越关注现代科学技术的新理论、新成果所带来的巨大影响,以互联网、大数据、人工智能为代表的数字化技术对课堂教学模式重塑的影响已经是势不可挡,数字化技术的深度融入正在为课堂教学结构带来深刻的变革,它不仅使原来的教学模式不断得以升级优化,还催生了一些新的教学模式,这些新的教学模式愈加注重学生的主体性和个性化发展。

随着我国课程改革的不断深入,教师对学科教学特点和规律的研究,尤其是对跨学科、综合性教学模式的探索与研究也在不断加强,并通过对不同教学模式的优势进行相互融通,创构了更适合自己教学风格和学生特点的教学模式。例如,小学数学"平移和旋转"一课的教学流程可设计为:创设情境,初步感受平移和旋转(观看游乐园内的各种游乐项目)——动手操作,进一步探究平移和旋转——运用新知,解决生活实际问题,体验价值——课堂总结延伸。小学语文《忆江南》一课的教学流程可设计为:示范读(激趣)——品味读(悟情)——想象读(入境)。《卖火柴的小女孩》第二课时的教学流程可设计为:引出"幸福"——解读"幸福"(憧憬中的满足、温暖、安宁、疼爱、快乐)——梳理"幸福"。

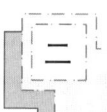

二 教学标准重塑：好课智慧

课堂教学评价标准的多元和开放为教师进行创造性教学提供了更多自主的空间，但教学毕竟是科学性和艺术性相互统一的有目的地培养人的社会活动，有其本质属性和内在规律。因此，好课理应有基本的内涵和规范，应从不同视角全面深刻地展示高质量育人目标实现的价值所在。对课堂教学进行科学、恰当、精准的系统性评价，使课堂教学有正确的目标定位和价值取向，对建构好课具有明确的指导作用和引领意义，这就涉及课堂教学的评价观，也就是所谓的好课观。在教育教学改革不断深入推进、社会快速发展给课堂教学改革带来难得机遇与巨大挑战的背景下，重塑课堂教学评价标准，发掘好课蕴含的深邃智慧，是对课堂教学改革与发展所做出的时代回应。

 （一）素养指向下的好课观

1. 基于素养引领

核心素养是学科育人价值的集中体现，是学生通过学科课程学习而逐步形成的正确价值观、必备品格和关键能力，是落实立德树人根本任务的重要途径。不管是学科课程价值、课程结构和内容，还是教学方式和评价方式，都是围绕学科核心素养确立的，都有体现学科课程以学科核心素养的培养为纲的基本思路。好课是触及教学本质的教学，是向更高层级发展的教学，是学生行为、认知和情感积极参与的深度教学，可以帮助学生建构学科知识结构，养成学科思维方式，形成学科价值取向，具备学科情怀和眼光。好课的孕育点和生长点皆指向核心素养目标的达成与质量进阶，学科核心素养自然是好课的价值引领和实践路向。

2. 基于问题情境

问题情境从物理意义上讲，具有客观性，是看得见、摸得着的教学背景，它包括现实生产生活情境、学术情境和学科情境；从心理意义上讲，它充分反映了学习的主观愿望，能唤起学生对知识的渴望和追求，使学生在学习过程中伴随一种积极的情感体验。问题情境是学习真正发生的逻辑起点，是好课孕育和生长的源头活水，可以让教学有情有景有故事、见人见物见思想。学科核心素养培养的路径"情境—问题—行动—生成"，也就是将学习放在一定的情境之中，引导学生运用所学解决情境中的各种真实问题，以使学科核心素养不断得到提升。问题情境的创设要贴近学生水平，蕴含真实问题，体现思维发展，关联课标教材。

3. 基于思辨探究

思辨探究是好课的生成要件，好课要能够体现师生交往、积极互动、共同发展的过程，不仅要激发学生的学习兴趣、热情和主动精神，更重要的是拓展他们学科思维的广度和深度，开启他们在探究中解决问题的意识和潜能。学科核心素养培养的每个环节都需要分析、综合、推理、判断等思维活动，都需要用归纳或演绎的思辨能力做支撑，这一路径也正是学生提出问题、分析问题、建构解决问题的模型、进行成果展示评价的探究过程。思辨探究是驱动教学由浅层走向深刻的原动力，是好课成长不可或缺的基础性要素。

4. 基于多元评价

多元评价强调评价主体、目标、内容、方式的多样性和开放性，以及评价过程中的交互性和反馈评价结果的及时性，它是提高课堂教学质量、促进学生全面而又有个性地发展的重要手段和保障机制。"教—

学—评"一致是多元评价真正有效落地并赋能课堂的关键加持,强调教学活动中各个环节围绕教学目标相互呼应、相互支持,突出"教—学—评"三位一体、相融相通、同向同行。评价不是游离于教学之外的,而是持续浸润在教学全过程中的。"教—学—评"一体化是形成性评价、过程性评价和增值性评价的结合,教师可以及时、有效地掌握学生的学习状况,实时动态地调整与改进教学策略和评价方式,提高教学目标的达成度。"教—学—评"一体化指向有品质的教学,也正是好课发展之关键。

 (二)"五力"视域下的好课观

1. 设计力

教学是在特定时空中师生共同参与的科学性、人文性交织的社会活动,它是对专业素养要求很高的实践活动,同时有浓郁的学术气息和学术含量。因此,课堂教学必须设计先行,好课构筑务必有好的设计进行支撑,可以说是"无设计不教学"。教学设计是一个系统性过程,是教师根据教学内容主题、学生特点、教学环境,运用教育教学原理,遵循教学过程规律所进行的策略性规划,也是教学活动的弹性建模。好的教学设计可以为教学活动高效、有序、系统和创造性的实施提供方案保障,避免教学活动的盲目性、随意性和刻板性。教学设计力是教师一种关键的专业能力和专业品质,它体现了教师对教学的整体巧妙构思,是教师对资源、目标和路径的全面设想,更是教师对学生深度学习的良好愿景。

2. 亲和力

亲和力是一种使人亲近、愿意接触的力量,它源自人与人之间的信任、尊重和理解,也是一种让温暖直抵人心的力量,可以为学生提供情绪价值。课堂教学中的亲和力意味着教师要认识到每个学生都是独特的个体，尊重他们的思想观念和个人空间，及时关注学生的情感变化和需求，给予他们关心和支持，帮助他们缓解学习压力，通过真诚交流、积极倾听和鼓励表达等方式，与学生建立信任关系。教师要充分体现对学生人格的尊重、个性的关爱、情感的维系、理性的开拓，从而达到师生关系和谐融洽的状态，进而实现师生互动，教学相长。

有亲和力强的教师必然有学生代入感很强的课堂，这样可以拉近师生间的距离，增强学生对教师的信任感，营造出一种积极进取、张弛有度的学习氛围，提高学生的学习兴趣和积极性，使他们有强烈的意愿参与到学习活动中，觉得自己就是学习活动的主角，而不是处在一种被学习、被安排的状态之中。有亲和力的课堂，是教师内心深处的自然流露，是一种和谐的氛围和境界。有亲和力的课堂不是指教学中教师放纵、失管和懈怠，而是智慧的传递、情感的升华和心灵的共鸣，它恰似化雨春风，润物无声，滋润学生心田；仿佛夏花绚烂，灼灼其华，充满勃勃生机；好像秋叶静美，时光沉淀，收获从容智慧；如同冬日暖阳，温婉和煦，带来美好希望。

3. 共情力

共情力是一种感同身受的能力，更是一种换位思考的美德，它具有很强的治愈性。课堂教学的共情力是指教师在教学过程中能够设身处地地理解学生的情感状态，能够进入学生的精神世界，感受到学生的内心世界，能够将心比心，体验到学生的感受，并且做出相应的反应。共情力有助于构建新型师生关系，增强师生之间的信任度和亲近感，能为学生提供一种安全和具有支持性的学习环境，激发他们的学习动机和学习兴趣。共情力不仅限于感同身受，还包括协助学生处理情绪、帮助学生从不良情绪中走出来的能力，使得他们更愿意与教师沟通，有意寻求帮助。

课堂教学共情的基础是教师要以更开放、更包容的心态去用心倾听学生的心声。教师应充分利用课堂环境，营造共情氛围，拉近与学生的心理距离；应深入挖掘教材资源，找到更多与学生情感共鸣的切入点，激发学生的共情思考；应准确把握时机，适度表达共情，对学生的情感需求给予及时回应和支持。

4. 故事力

每一节课都可以看作一个鲜活的教学故事，在每个故事里，都有时间安排、空间场所、不同人物和各种事件。这里所说的故事力，不是指教师利用故事进行教学的能力，也不是构造和表述故事的能力，而指的是教学过程犹如一个生动的故事，在这个故事里，资源得到充分利用，学生如鱼得水，教师游刃有余，师生、生生之间进行着平等的交流和碰撞，产生各种各样的思想和主张。

有故事力的课堂表现了教学主题的鲜明性。每个好的故事一定有一个鲜明突出的主题来引领，课堂教学更是如此。主题是课堂的根与魂，没有主题的教学好似水上浮萍，漂泊不定。有了鲜明突出的主题，才会有具体确切的课题，也才能有可视化的教学目标，进而有驱动有力的学习任务，以此保证学习的真正发生。

有故事力的课堂表现了教学人物的立体性。好故事里的人物是血肉丰满、有思想、有情感的，在他们身上，优点与缺点并存，每个人都是立体性存在。课堂教学中的人物有学生、有教师，每个学生都是独一无二的学习主体，皆有特殊化的学情元素，并且每个学生的个性特点和学习状况不是单一不变的。因此，有故事力的课堂不能是符号化、格式化的"千堂一面"教学，而应该是不同教师的教学风格有别，有自己教学的独到之处，更应符合不同学生的个体特征和身心发展需要，真正做到"量体裁衣"、因材施教。

有故事力的课堂表现了教学过程的生动性。好故事一定会是能够打动人心、引起共鸣的,从引人入胜的开头到跌宕起伏的情节,再到耐人寻味的结尾,每个细节都精雕细刻、匠心独运。教学生动性的构成要件是情境材料的真实鲜活、教学方法的灵活律动、教学流程的简约流畅、教学行为的适时有度、教学评价的一针见血、教学效果的出乎意料。从学生学习状态的维度进行观察,生动性教学的主要特征有:学生与教师、学生与学生之间平等互重,学生对学习感兴趣,能够积极主动地参与各项活动;能围绕学习目标对问题进行有效的分析与讨论,通过分析与讨论,能较好地解释或解决问题;学生在不同程度上都有学习进步和成功的体验与喜悦。

有故事力的课堂表现了教学成果的深刻性。好故事是意境悠远、隽永深长的,能够引发人们的深刻思考和灵魂感悟。有故事力的课堂是心灵的对话、智慧的碰撞、情感的交融,是激扬起生命活力的动人乐章,是对学生的激励、鼓舞和唤醒。通过有故事力的教学,学生会有茅塞顿开、豁然开朗的顿悟感,有如经历"山重水复疑无路,柳暗花明又一村"后的反差心境。发人深省的教学不仅走脑、走心,还能走远,会让学生真切感受到课已了、意无穷的绵长力量,给学生带来的不仅是知识的积累和技能的娴熟,更是关键能力、必备品格和正确价值观的提升和养成,乃至正确人生之路的规划和选择。

5. 思想力

这里所说的课堂教学思想力主要指教学的立意高度和反哺力度,是指学科思想和素养对课堂教学的引导程度与课堂教学对学科思想和素养的践行强度。教师学科理解的广度和深度是课堂教学具有思想力的基本保证,包括对学科性质、学科核心素养、学科学业质量标准等能体现学科本质特征的要素的全面领悟和执行能力。

有思想力的课堂可以培养学生用学科的眼光观察世界的能力。每个学科都为学生提供了一套认识和探究现实世界的观察方式,学科不同,观察的视角和方法也会不同,得出的结论也有很大差异,这也正如所谓的"知者乐水,仁者乐山";可以培养学生用学科的思维思考现实世界的能力。每个学科都提供了一种理解与解释现实世界的思维方式,通过学科的特有思维,可以揭示客观事物的本质属性。有思想力的课堂,一定是思维碰撞的课、精神成长的课,一堂课如果缺失学科化的思维,一定是浅表化、碎片化的"四不像"教学;可以培养学生用学科语言表达现实世界的能力。每个学科都为学生提供了一种描述与交流现实世界的表达方式,有符号、数字、文字、图形、模型等不同形式,每个学科的表达方式都有不一样的历史积淀和视听美感,不同学科的表达方式都有其内在的观念和意识,都能够揭示与表达现实生活与学科中事物的性质、关系和规律。

在大力倡导跨学科主题学习活动的背景下,课堂教学的思想力依然是不能弱化或淡化的,反而更需要强化和优化,如果没有丰富的学科知识储备和很强的学科基本素养,那么,加强学科间的相互联系、带动课程的综合化实施、开展跨学科主题学习、达成课程综合育人目标的愿望是不可能变成现实的。

 (三)"六度"视角下的好课观

1. 有温度

有温度的课堂充满了活力生机,气氛温暖民主,师生积极互动,学生信心满满、跃跃欲试、有话可说、有理可书,都争先恐后地展示自己的学习成果,教师也能为孩子们创造各种表现的机会。有温度的课堂不是教师教学技巧的华丽炫耀,而是内在丰富情感的舒缓释放和质朴表达。与有温度的课堂相对应的是冷若冰霜的课堂,气氛沉闷消极,学生昏昏欲睡,学习索然无趣,学生在课堂上找不到任何存在感和获得感。

2. 有效度

有效是相对无效或负效而言的。如果通过教学活动，学生从不喜欢到喜欢，从不懂到懂，从懂得少到懂得多，从不会到会，从不能到能，这表明学生获得了进步和发展，这样的课堂就是有效的。高效是相对低效而言的。通过教学活动，学生的学科素养得到了充分而全面的发展，这样的课堂就是高质量的。好课应该是花费较少的学习时间、获得较优的学习效果，形成较好的情感体验，也就是效率、效果和效益"三效"有机统一的教学。

3. 有深度

有深度是指课堂教学中学生认知、情感和行为参与的深刻性，它包括有效思维的长度、有价值思维的厚度和积极情感内化的深度。在课堂教学中，能给学生足够的独立思考和解决问题的时间与机会，引导学生善于提出问题，敢于质疑问难，勇于发表不同观点。在有深度的课堂上，学生善于观察、聆听、表达和反思，能主动寻求适合自己的有效学习方法，举一反三、学以致用，不断提升自身的学科素养。

4. 有力度

有力度的课堂是指精心预设和妙然生成交相辉映、相得益彰的教学。学生的发展有预设性发展和生成性发展等。预设性发展是指有计划、有步骤、按程序的可预知的发展，是从已知推出未知，从过去推测未来的发展，是一种肉眼可见的标靶式发展。生成性发展是不可完全预设的发展，这种发展不能靠逻辑推演，而往往是恍然大悟、醍醐灌顶、豁然贯通时的妙手偶得。在有力度的课堂中，预设科学有据、牵引有力，但又不失弹性和留白，生成天衣无缝、水到渠成，预设和生成犹如鸟之两翼，比翼齐飞，联袂打造出风生水起的精彩课堂。

5. 有风度

有风度的课堂是指具有鲜明个性和特色的教学，其往往会打上教师独特执教风格的深深印记。教师在长期教学实践中逐渐形成的教育思想、个性特点、教学技巧在教学过程中有机结合和相对稳定的表现就是教学风格。教学风格的形成是一位教师在教学实践中日趋成熟的重要标志，因教师的学识、修养、兴趣和特长等不同而各异，具有独特的创造性、和谐的艺术性、落地的实用性、一贯的稳定性等方面的特点，会表现出"梅须逊雪三分白，雪却输梅一段香"的各美其美的境界。只有有风度的课堂教学才是最美的。

6. 有高度

有高度的课堂是指教学随着社会的快速发展所进行的不断变革和创新。学无止境，教亦无止境，社会在快速发展，科技在日新月异，课堂教学的建构也必须紧跟时代的脚步，在遵循教育教学规律的前提下，不断地进行改革和创造。在教学实践中，教师不能墨守成规或抱残守缺，而应在实践探索中不断地求变、求新、求进，不断地进行自我扬弃和超越。只有学会变革和创新，才能使教学达到新高度。

第四章 教学评价

——乡村孩子成长的多元标尺

教学评价是以教学目标为依据，遵循科学的标准，运用有效的技术手段，对教学过程及结果进行测量、分析和评议，并对教学活动的显性或隐性价值做出判断，进而为教学决策提供服务支持的专业化活动过程。评价的主要目的是向学生和教师或教师共同体提供及时、明确的反馈信息，帮助学生调整学习目标、改善学习态度、改进学习策略，同时，帮助教师优化自己的教学目标、方法和策略。

　　教学评价是评估教学活动过程和效果的重要手段，事关教学发展的方向，有什么样的评价指挥棒，就有什么样的教学导向，其价值指引和呈现方式直接反过来影响教学活动，是影响教学质量的关键性要素之一。教学评价包括对学生学业成就和教师教学质量的评价。对于乡村学校来说，如何运用评价这把尺子显得尤为重要，它直接并深刻地影响着学生的身心成长和未来发展。评价与其说是一种对已有历史的判断，不如说是一种价值创造过程，是推进育人价值不断创生的教育进程。

第四章 教学评价
——乡村孩子成长的多元标尺

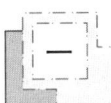

一、更新价值理念：评价不单纯是甄别和选拔

教育的本质是唤醒、激励和鼓舞，是提高人的生命质量和生命价值，它应该让学生越来越有信心、有尊严、有智慧、有温暖。教育价值是教育评价的灵魂，它决定着教育评价的导向和尺度，教育评价是实现教育价值的重要支点。教育评价一直在影响并且改变教师、学生、学校甚至整个社会，恰如克鲁克斯（Terry Crooks）所言，评价似乎是影响教育的最有力因素。它值得教育工作者非常仔细地规划和投入大量的时间。有效的教学评价可以使教育更有质量、更有活力，可以更好地促进学生、教师、学校三位一体良性发展。本章重点围绕教学评价中的发展性学生评价进行论述。

（一）教学评价的发展趋向

教学评价是基础教育领域持续关注的焦点和难点，它是教育教学改革与发展的重要折射和关键突破口。在教学评价发展实践中，要以落实立德树人根本任务为目标，以核心素养培育为宗旨，坚持德育为魂、能力为重、基础为先、创新为上，树立科学的质量观。同时，坚持以科学有效为宗旨，改进结果评价，强化过程评价，探索增值评价，健全综合评价，充分利用信息技术，提高教育评价的科学性、专业性和客观性。

1. 观念转变：实现评价的本真回归与时代转向

教育评价是对人的发展状态的审视、判断、调节、改进活动，评价主体、评价内容、评价方式和评价结果的呈现都蕴含了相应的育人理念，目标皆是指向人的发展。评价的根本目的在于促进发展，而不是简单地进行优劣高下的甄别与区分，重视评价的发展性能有效避免各种单项评价的局限性，使教育评价回归教育本原。

（1）强化导向引领功能。评价的导向引领功能是指通过明确的目标和标准，引导评价对象向理想目标行进的功效和动能，这意味着评价活动不仅要关注眼前的教学成果，更要重视未来的发展方向和潜在能力。评价的导向引领功能可以促使教育活动以教育目标为起点，以教育目标的实施过程为关键，以教育目标的最终实现为归宿，使趋向目标的教学行为得到强化，违背目标的教学行为得到弱化。正向、积极的评价可以为教师指明教学中努力的方向和发展路径，促使教学方法不断得到调整和改进，切实引导教学方式朝着培养学生核心素养的方向转变；有利于理顺教学和评价的关系，达到"以评促教、以评促学"的目的。当然，导向不等同于硬性规定，更不是抹杀个性发展的限定，而是在设定共性要求、统一尺度的同时，为学生个性发展提供支持性评价导向。

（2）凸显反馈调节功能。教学评价的反馈调节功能是指评价结果不能仅仅由评价者一方单独占有，而是要将评价结果以科学的、恰当的、建设性的方式反馈给被评价者，并且能使其心悦诚服地接受和采纳评价结果，从而使自己对自身学习状况的认识更客观、更全面、更具体，为自身的进一步发展奠定良好基础。通过教学评价，评价者可以帮助学生调节学习目标和进程，促使他们在不同的水平上朝着目标前进，避免产生已达成目标者停滞不前、无法达成目标者沮丧气馁的现象；被评价者——学生通过评价结果可以了解自己的学习优势和不足，明确努力方向和改进措施，实现学习行为方式方面的自我调节；评价者——教师可以及时了解教学效果，发现教学过程中的不足，并据此调整教学目标、内容和方法。通过持续的评价和反馈，教师和学生可以共同监控教学进度和效果，以便教师及时调整教学策略，确保教学质量不断提高。在评价实施和结果反馈的过程中,师生双方在平等、尊重和互惠的基础上,通过协商、讨论、辩论等不同方式调控评价活动,以实现教学评价效益的最大化。

(3) 发挥展示激励功能。教学评价活动可以为学生提供一个自我展示的机会,其也是一种积极有效的激励手段,能够为学生搭建获得学习的自信和成功的体验的平台。合理有效的教学评价能够激发学生学习的内在动力,调动其内部潜力,激发学习的积极性和创造性。每个学生都有获得较高评价、实现自身价值的愿望,恰如其分的评价结果能给学生带来心理上的满足感。教师要表扬先进的学生,评价结果是对其过去的成绩的肯定和表扬,能够对成功的经验起到强化作用;教师也要表扬有进步的学生,为他们学习过程中的"小进步""小成就"喝彩,评价结果是一种有力的鞭策和鼓舞。要发挥评价的展示激励作用,应把学生的学习基础、个人主观努力和当前的学习成绩三者有机结合,确定公平、合理、客观、科学的评价标准,评价标准不能过高,也不能过低,这两种情形都不利于学生学习积极性的调动。好的教学评价有助于营造宽松、和谐、民主的教学氛围,激发学生的情感,使学生鼓起学习的勇气,激起强烈的进步欲望,体验成功的喜悦,不断增强自信心和上进心,促进自身的全面发展。

(4) 实现成长记录功能。成长记录评价是全面、系统地评估学生个体成长历程的重要方式,强调评价的日常化,着眼于以发展的眼光客观评价学生的成长。这种方式根据教学目标,有意识地将有关学生学习表现的作品和其他相关证据系统地收集到一起,不仅能够清晰、完整地记录个人在学习成绩、技能发展、团队合作、兴趣爱好、道德品质等方面的点滴进步,更能通过深度分析,揭示学生在成长过程中的优势与不足,体现学生在学习目标达成过程中所做出的努力和取得的进步,并为其未来的发展提供有针对性的建议。成长记录评价记录了学生在某一时期一系列的"成长故事",能开放性、多维度地反映学生学习与发展的完整面貌,是评价学生进步过程、努力程度、反省能力及最终发展水平的理想方式。单一的考试或测验评价的客观属性,决定着其对学生来说具有相当的神秘性,从标准的确定、试题的命制到成绩的评判,学生完全被隔离在外,而在成长记录评价过程中,学生有权利参与全过程,甚至决定成长记录的内容,自己可以判断所提交作品的质量或价值,从而拥有判断自己学习质量和发展状况的机会和平台,有利于学生培养自我负责的态度和提高自我评价、自我反思的能力。成长记录评价为教师最大限度地提供了有关学生学习与发展的重要信息,既有助于教师形成对学生的准确预期,又能将评价与教学融为一体,成为教师设计课程和教学计划的基本依据,进而增强教师与学生的合作和理解,有助于良好师生关系的形成和发展。

发挥评价的促进功能,赋能语文核心素养发展

语文课程的育人功能已经由知识本位向素养本位转变,这个素养的内涵不再仅仅是知识和技能,而是学生在积极的语文实践活动中积累、建构并在真实的语言运用情境中表现出来的文化自信、语言运用、思维能力、审美创造四位一体的素质的综合体现。因此,小学语文的评价方式也需要随之改变,要充分发挥评价的多元化促进功能,赋能学生语文核心素养的发展。

一、注重成长性评价,保证评价的系统性和有效性

在日常的教学中,我们做得最多的往往是对学生在语文学习实践中表现出的学习态度、学习习惯、学习能力及学习效果等方面,如声情并茂的朗读、规范流畅的书写、点滴进步、奇思妙想、新鲜经验等,给予及时的评价反馈。但这些非正式的评价像一颗颗散落的珍珠,只有采用

第四章 教学评价
—— 乡村孩子成长的多元标尺

定量与定性相结合的方式，以促进学生的素养发展为主线，将多种评价方式串联起来，才能使评价成为语文教学中璀璨的彩链。

1. 建立语文学习档案，分项积累成绩

依据课程标准和学生实际，分解评价目标，变考试为各项考查，变单一的分数评价为分数评价、等级评价、评语评价相结合，全面评价学生的发展。设计一份内容科学的考查记录表，将其作为学生语文学习情况的档案，是保证语文评价公正合理的手段之一。

_____班　第_____学期语文学习档案

评价	项目							
	读	写	听	说	用	赏	态	其他
自己								
教师								
家长								

上表中的"读"指学生的朗读、背诵能力；"写"指书写的规范程度及书面作业的完成情况；"听"指学会认真倾听、分辨对错；"说"指口头表达能力、与同学交流的能力、敢于展示自己的勇气；"用"包括写作能力，也包括综合运用语文知识在类似故事会、演讲比赛、办报出刊等活动中的表现；"赏"主要指对课文的感悟及课外阅读的能力；"态"指收集处理信息、团结合作学习、积极主动参与、遵守课堂纪律等学习态度及习惯方面的表现；"其他"一栏指学生的特长或特殊表现。

评分标准采用等级制，分为目标参照和自我发展参照两种，前者是指以针对课堂教学提出的阶段性目标为参照标准，后者是指以学生自身发展的前后阶段对比为参照标准。由于不同的学生有不同的社会文化背景，学生在感悟能力、智力水平及动机、兴趣等方面存在差异，因此，运用这两种评价方法时，主要应注意避免学生与学生之间的比较，而提倡将学生的现在与过去进行比较，将学生的若干侧面进行比较。这样的评价充分考虑了学生的个体差异，符合学生的实际，有利于学生自身潜能的发挥和求知欲、成功感的形成。

语文学习档案中，将试卷的内容分解到教学流程的各个时间段，随时考查学生，以过关为主要目标，及时放大学生学习过程中每一个成长进步的足迹，使学生微笑着面对语文学习。考试作为一种必不可少的评价手段，虽然并不会被取消，但要对考试的命题方式进行改革，考题的编制要兼顾学生的个体差异，摒弃"答案唯一性"的要求，设计一些让学生通过主动选择、自己感悟等方式进行解答的题目，供学生作答，在评价中促进学生的个性发展。

语文学习档案每名学生一张表，一周一记，以A、B、C、D四档标准进行评价。实践中，教师要关注学生的特长，将学生在一周内最好的一次表现记下来，进行强项评价，并督促学生及家长及时评价；学期结束时，将评价表装订成册或放入成长记录袋，以清晰地记录并反映学生成长的轨迹。

2. 利用反思日记，促进自我评价

教师可以提出一些引发学生思考的问题，让学生以日记的形式进行回答，帮助学生对自身的发展和成长进行正确的认识和评价。

参考问题：

学生对学业成长的反思

检查你最近做的有代表性的作业，回答下列问题：

△你检查了自己的哪些作业？这些作业是在什么时间完成的？

△你的作业有什么变化？列出发生这些变化的证据。

第四章 教学评价
——乡村孩子成长的多元标尺

△你学到了哪些以前不知道的知识？你是用什么方法学到这些新知识的呢？

△你将这些新知识运用到其他活动中了吗？

△你是否具备别人不具备的知识和能力？如果没有，你将如何去做？

△请认真看一下你的学习档案，你有什么想法？

这种反思日记可以每月或更长的时间记录一次，逐渐引导学生全面、客观地评价自己。

3. 使用成长记录袋，全面了解学生的语文学习过程

研究表明，成长记录袋作为一种物化的资料，在显示学生学习成果，尤其是显示关于学习持续进步的信息方面，具有不可替代的作用。它可以使学生参与评价，成为评价主体的一部分，同时便于展示学生的学习成果，为家长提供全面、具体的关于学生语文学习状况的证据；也有助于评价语文教学需要改进的方面；更重要的是，其汇集了语文教学活动中的重点及学生语文学习的证据和自己的看法，全面了解学生的语文学习过程。

教师可以引导学生在记录袋中收录反映自己学习进步情况的重要资料，如最满意的作业、最喜爱的一篇习作，或一份自办小报、阅读课外书籍的体会、综合活动的报告、反思日记等，这些材料要让学生自主选择，并与教师共同确定，要能尽量体现学生在语文方面的个性特长；到一个学期结束时，由学生自己选出语文学习档案中的3~5份作品，代表本学期的学习情况，并最终保留在自己的成长记录袋中。

实践证明，语文学习档案、反思日记、成长记录袋这三种评价结果从点、线、面三个方面，共同构成了一个多样化的评价平台。通过这样的方式，教师为学生和家长提供的关于学生学习情况的评价就会更客观、更丰富，使教师、学生、家长都能全面地了解语文学习的情

况，更加有助于提高学生的语文素养和改进教师的语文教学，同时实现了从教师的单向评价向师评、自评、他评相结合的多元评价方式的转变，强调了学生的自我评价和相互评价，突出了学生的主体地位。

二、加强形成性评价，兼顾评价功能的每个方面

评价的目的不仅是考查学生学习目标的达成度，更是对学生的语文学习和教师的教学的检验和改进。课程设计与教学过程的整体改善，不应过分强调评价的甄别与选拔功能，而应强调形成性评价，重视定性评价，尊重学生的个体差异，让评价成为提高学生语文素养的催化剂。因此，在做好学生语文学习过程记录的同时，应合理利用各种评价手段，关爱每名学生的成长。

1. 及时评价与延迟评价相结合

及时评价是指在教学流程中，对学生表现出的优点和缺点立即做出反应，并在最有效的时间内给出反馈，或激励学生努力奋进，或引导学生弥补不足。常用方式如下：

（1）智慧树。这种方式适用于一、二年级学生，对于学生的精彩表现，由教师当堂奖励给学生一张水果卡片，由学生亲手挂在自己绘制的"智慧树"上。

（2）能手卡片。多用于朗读、背诵、写作、讲故事等各种语文实践活动中。内容可由教师当场填写，如"小书法家""小演讲家""明日之星""故事大王"等。

（3）简笔画。用"笑脸""大拇指""惊叹号"等简洁的图画表达对学生的肯定和鼓励。

（4）语言评价。这种方式最为直截了当，要求语言适度，态度真诚，并注意在学生的心理承受能力范围之内。当学生回答正确时，及时给予肯定和鼓励；如果学生回答不出，不能直接否定学生，以避免伤害学生的自尊心。评价时语调要抑扬顿挫，并辅以抚摸、点头等肢体语

言，或给予赞许、鼓励的目光，让学生在课堂上享受到浓浓的人文关怀。

即时评价对学生在学习过程中表现出的长处及时加以放大，涵盖了学生学习的全过程，能够让学生体验到成功的快乐，促进学生健康、和谐发展，但有时会使学生的思维趋于同化，失去个性化的思考，课堂教学中，如果学生对问题的见解出现了不统一，这时教师又轻易地给出"对"或"不对"的结论，就会使答错的学生产生挫败感，同时教师会错过一次很好的生成性教学时机。例如，在教《风娃娃》一课时，一名学生说："风把小树吹断了，它太坏，不是人类的好朋友。"一部分学生随声附和。教师并没有立即评价，而是恰当地延迟了评价，把他们不一样的回答当作宝贵的教学资源，让大家辩一辩，从而使学生充分显现了各自的思维，并且可以对问题进行更有深度和更全面的探讨。

2. 激励性评价与真诚的评价语言

课堂教学中，激励性评价鼓舞了学生奋发向上的士气，增强了学生学习的信心，让学生沐浴在赏识教育的甘霖中，感受到了语文教学的人文关怀。但轻易获得的表扬和奖励会使学生对学习的兴趣降低，简单的鼓励不仅不能对学生产生积极引导作用，而且会导致学生形成浅尝辄止和应付的学习态度。对于一个在课堂上结结巴巴地读完一段课文的学生，一位教师的评价是："你读得真好！"另一位教师则说："孩子，这么难读的课文，你还坚持认真地把它读完了，你真棒。"前者的表扬可能使孩子误认为结巴地读书就是好，后者则肯定了孩子克服困难、认真读书的过程，哪种评价的效果更好不言而喻。

教育评价的功能在于促进学生的发展，不加辨析地盲目鼓励，会使学生无法看清努力的方向，只有给予真诚的、恰当的赞美和鼓励，才能使学生真真切切地对话，踏踏实实地探究，自然而然地对学习产生一种发自内心的热爱，学习也就成了学生自身的需要和快乐的源泉。

3. 运用随时评价，变评价为引导

在语文课堂教学中，教师的评价与学生的学习应该是统一的整体，像所有的教师活动一样，为学生的发展服务，而不是游离于语文学习过程之外，教师任凭学生自由展示而作壁上观。好的教学评价应该能促使教师参与到学生的学习过程中，使学生不连贯的学习过程变成流畅的"学习场"，使教师和学生形成学习共同体。例如，在《圆明园的毁灭》一课的教学中，当很多学生的体验仅处于了解"圆明园在哪儿""建筑有什么特色"等肤浅的层面时，一名学生谈到从"众星拱月"一词中读出了圆明园的美。这时，教师可适时进行评价并加以引导：

你是个会读书的孩子，通过文中的一个词语就能"看到"圆明园一带以前美丽而壮观的景象。谁还能试着说说你从文中的哪个词语中"看到"了什么吗？

这里，教师将词语作为感悟的支点，以评价为媒介，引导学生根据词语的意思展开想象，"看到"了圆明园昔日的辉煌，实现了学生与文本的双向沟通，同时，为后文圆明园的毁灭引起的学生心灵上的震撼做了铺垫。这样的课堂是动态生成的，是充满了生命活力的。

（案例创作：傅春梅）

2. 体系革新：打造多元开放的发展性评价新样态

面对教育发展的时代新要求，需要将教学评价作为一个系统来思考，着力构建多元、开放、综合的教学评价体系，开创发展性评价新局面。一个好的评价体系不仅能包容和滋养每个学生的个性化潜质，而且能促进教育公平。教学评价亟须从纸笔测试占主导地位的束缚中摆脱出来，走向一个更加综合平衡的多元化评价体系。

注重结果运用，改进结果评价。结果评价是教学评价的重要组成部分，学生的学习结果应是一个具有宽泛内涵的广义概念，既包括终结性

的学习结果，也包括过程中的学习成果；既可以是成品，也可以是一个任务、项目或者行为。对学习结果的评价要将结果与过程有机融合，定量与定性精当整合，量化评价与质性评价统筹兼顾，科学有效地改进结果评价方法和运用评价结果。

评价结果的呈现应更多地关注学生的学习过程和进步，关注学生已有的学业水平与上升空间，为后续的教学提供依据。例如，义务教育第一学段（1~2年级）的评价应以定性的描述性评价方式为主，第二学段（3~4年级）和第三学段（5~6年级）可以采用描述性评价和等级性评价相结合的方式，第四学段（7~9年级）可以采用等级评价和分数制评价相结合的方式。

评价结果的运用应有利于增强学生学习的自信心，提高学生的学习兴趣，促进学生良好学习习惯的养成和核心素养的发展。评价结果的解释是对评价结果应用的重要体现，就是通过对利用评价工具所获得的信息和数据进行分析处理，做出评价结论；同时，以适当的方式，将学生一些积极的变化及时反馈给学生，其重点应放在学生学习过程中核心素养的发展上。教师要针对不同学生的特有学情，对学习成果做出个性化、发展性的解读，要注意分析学生评价结果的变化，了解自己教学的成绩和问题，分析、反思教学过程中影响学生能力发展和素质提高的原因，寻求改善教学效果的对策。对学生做出评价结论的最终目的是为学生的成功学习创造良好的心理环境，在于"发现闪光点，激励自信心"，使学生得到成功的体验，从而激发学生的学习动力，以达到提高教学质量的目的。

统筹评价内容，强化过程评价。教学评价的内容应立足重点，统筹安排，关注各个学段的水平进阶，定位在对核心素养形成状况与发展水平的诊断上。要以课程目标、内容要求、学业要求、学业质量标准为基本依据，多途径收集学生在学习过程中的表现、达成的课程目标要求的学业成就等信息，科学、客观、准确和有效地测评学生核心素养的发展状况；要真实、完整地记录学生参与学习实践活动的整体表现，关注学生在活动中表现出来的沟通、合作和创新能力；要充分发挥评价对日常教学的正向引导作用，切实引导教学方式朝着核心素养培育的方向转变。

过程性评价贯穿于整个教学过程，是一种全周期、多视角、立体化、反馈性的评价思维，是对结果评价的丰富和改进。与静态的结构性评价过程不同，过程性评价是以动态性视角追踪学生发展的全过程的，是一种对教学行为的动态性、实证性和全面性的真实评价，有利于转变"一考定终身"的观念，建立学生的动态成长性评价模型。过程性评价重点考查学生在学科学习过程中表现出的学习态度、参与程度和核心素养发展水平，教师应根据各学段学习内容和学业质量要求，广泛收集学生课堂关键表现、典型作业和阶段性测试结果等数据资料，体现多元主体、多种方式的特点。过程性评价应综合运用多种评价方法，增强评价的科学性、整体性、客观性和发展性。评价方式包括书面测验、口头测验、课堂观察、小组分享、对话交流、课内外作业、活动报告、学习反思等，每种评价方式各有特点。教师应结合学习内容与学生学习的特点选择适当的评价方式，评价方法的选择与使用要符合诊断学生的学业质量和促进学生发展的基本要求。

关注个体发展，探索增值评价。每个学生都是一个特殊的个体，都是独一无二的存在，每个学生的发展也是个性化、多向度的，教育的使命就是激发人的潜能，使每个学生都能找到自己的兴趣爱好、发展特长及未来之路，从而拥有人生的存在感、成就感和价值感。为此，教学评价应以学生成长为中心，关注学生真实发生的进步，并超越结果进行增值评价，促使学生个性丰盈地全面发展。

增值评价是一种面向教育主体的发展性评价，其承认并尊重学生发

第四章 教学评价
——乡村孩子成长的多元标尺

展方面存在的差异，把学习起点、过程和结果统一起来，旨在引导评价对象的多元发展，倡导从入口看出口，从起点看变化，尊重差异，重视起点，关注过程，强调发展。与以考试成绩及排名作为最主要依据的"唯分数"的评价方式相比较，增值评价侧重于学生在一定阶段内的综合成绩增长幅度和学习效能，既包括知识增长、技能发展，又包括学习力、创新力、合作力、情感性、价值观等方面的个性成长。简单地说，就是注重看学生纵向的进步幅度和个体学习质量增值，而不是单纯地进行横向比较，如果要横向比较的话，也主要是进行增值幅度大小的横向比较。科学的增值评价要进行实证性的数据收集、数据分析并得出结论，在进行数据收集时，要确定有信度的评价指标，其大致可以分为社会、学校、家庭和个人四个方面，如个人层面的认知水平、能力层次、兴趣爱好等。在进行数据分析时，需要选择可行、可靠的增值评价模型，通过模型对有关信息进行相应的数据分析和整理，为评价结论的获得奠定扎实基础。增值评价结论的获得需要对数据分析的结果进行进一步分析和解读，挖掘数据结果中隐含的学生发展过程中的有效信息，发现学生在学习过程中存在的问题与可能的影响因素，这样，教师就可以把评价结论作为发现问题、做出相应决策的起点，为教师判断学生进步的程度提供标准和依据，依据学生的进步表现及分布样态，针对学生群体或个体进行针对性、个性化的指导，对教学策略的调整和优化起到积极引导作用。

评价是为了发展，而不是为了排队

以考试成绩排名为依据的学业成就评价方法，看似客观公正，操作也比较方便，但往往不能真实评价出学生的学业状况，这样的评价结果不但不具有促进、指导和激励功能，而且会产生消极的负面影响，让那些通过努力使学业已经有所进步的学生因看不到自己真实的进步而气馁，甚至失去了持续学习的信心和勇气。利用比值评价法进行学业成就评价是以相对于自身过去进步的成绩、名次作为评价标准，这是一种关注发展、立足变化的评价方式，充分体现了"努力就是优秀，进步就是成功"的发展理念。

比值评价是一种量化的相对评价，其流程是：在某次考试单科或总成绩统计好后，先将相对稳定和可靠的班级前三名或前五名的平均分数计算出来，再把某位学生的考试分数除以该平均数，所得的商即为该生该次考试的单科或总成绩比值。即使某位学生在某次考试中的排名下降了一点，但如果成绩比值上升了，也能说明该生的学业是进步的，这就比较客观地反映了学生学习成绩的进步状况。利用比值评价法可以引导学生更好地进行自我评价，正确审视自己的学习成绩、发展现状和学习规划，还可以促使学生树立学习的信心，不断地改进和完善自我。

聚焦多元主体，赋能课堂评价。现代教学评价中，教师不再是唯一的施评者，学生也不再是评价的被动接受者，评价应是教师、学生、家长等多元主体协同积极参与的交互式教育过程。多元主体评价强调综合运用教师评价、学生自我评价、学生相互评价、家长评价等方式，对学生的学习状况进行全方位、多角度的评估，强化评价过程中主体的双向选择、沟通和协商，关注对评价结果的认同，使评价对象最大化地接受评价结果。教师应为不同学生和不同学习内容选择恰当的评价方式，采用有针对性的评价工具，要充分尊重学生的主体地位，关注学生在兴趣、能力和学习基础等方面的个体差异，引导学生开展自我评价和相互评价。学生成为评价主体的一员，将评价变成了主动参与、自我反思、自我管理、自我发展的过程。在评价主体扩展的同时，重视评价者与被评价者之间的互动，在平等、民主的交往中关注被评价者发展的需要，评价者共同承担促进被评价者发展的责任。

课堂教学评价是过程性评价的主渠道,也是影响育人质量的关键环节。通过课堂教学评价,教师可以实现对课堂的常态化、实时化、数据化的动态监管,提升课堂质量、效率、效果和效益。教师应树立"教—学—评"一体化的意识,科学选择评价方式,合理使用评价工具,妥善运用评价语言,注重增强学生的学习信心,激发其学习的积极性、主动性和创造性。课堂教学中,教师要关注学生在知识基础、认知过程、思维方式、态度情感等方面的表现,深入分析这些现象及其影响因素,及时给予学生有针对性的指导。教师应注重对学生学习过程的观察、记录与分析,将评价渗透到教学过程的各环节中,加强评价对教学过程中教与学的实时诊断作用,开展基于证据的评价,提高教学效率,增强教学效果。

3. 技术支持:以信息技术推动评价过程的专业化

信息技术与教学评价改革是当前教育领域的重要议题。随着信息技术的快速发展,其与教育的深度融合对教学评价的影响越来越深入,教学评价的创新和变革也进入了前所未有的专业化发展新阶段。从技术支持视角来看,基础教育教学评价经历了三个发展"时代":传统时代以线下交互为手段的基础教育评价,便捷时代以信息技术为工具的基础教育评价,数智时代以大数据为支撑的基础教育评价。信息技术革命催生了教学评价发展的新样态,促使评价从单一的基于经验向基于证据的数字化变革。信息技术已不再单纯地利用技术手段或工具参与教学评价,而已经是根植于教学评价中的一种素养、一种理念、一种文化。

教学评价功能的拓展。利用信息技术手段可以更好地收集和分析学生的学习数据,追踪学生的学习轨迹,记录学生学习和交往方面的发展过程,及时发现妨碍学生健康成长的显性和潜在问题,准确地掌握学生的学习情况和变化趋势,提出更具全面性和建设性的深度反馈和中肯意见，指导学生制定短期或中长期发展规划。随着人工智能技术的飞速发展和全面应用，智能化评价工具被广泛运用到教学评价过程之中，能够自动分析和生成学生的学习数据，为教师提供翔实、客观和精准的评价证据和改进建议，有利于教师实时发现教学问题，及时调整教学策略，有效提高教学效果。利用大数据技术可以建立全方位、多维度的数据资源库，从数据库中提取教学评价所需要的信息，监测、诊断群体性学习状况和个性化学习差异，并通过数据建模预测学生学习的发展趋势，真正实现教学评价功能的专业化拓展。

教学评价内容的深化。信息技术与教学的深度融合为评价内容的拓展和加深提供了有力支撑，促使教学评价内容的深度持续深化、广度不断延展、维度接续进阶。通过对大数据和人工智能技术进行广泛而又深入的应用，教师不仅可以通过各种途径收集学生全面、客观的学习数据，利用大数据技术对收集到的数据进行多维度和多层次分析，并基于大数据分析结果，为每个学生提供差异化的指导服务，为教学评价提供科学依据，而且能深度挖掘和拓宽延展评价内容，升华评价领域，扭转教学评价内容窄化的局面，能够对学生的认知过程、情感态度、能力发展、方法创新等多个层面进行完整深入的评价。例如，可以运用信息技术建构复杂的、结构不良的问题情境，创设挑战性驱动任务，在学生求知心理和学习内容之间设障立疑，引领学生进入一种渴望探究的学习境地，使学生唤起求知欲望，迸发思维火花，开启创新意识，培养解决问题的能力；运用信息技术，可以科学有效地测量学生的高阶素养，也就是对学生的问题求解能力、创新能力、批判性思维能力和决策力等高阶能力进行测评。2015年，国际学生评估项目（PISA）通过构建基于计算机和网络技术的复杂任务情境，利用人机结合技术实现了对学生合作解决问题能力的评价。国际学生评估项目的测试表明了高阶能力的可测性，也体现了信息技术赋能教育评价的发展方向。

教学评价工具的创新。在科学技术发展日新月异的今天，信息技术对教学评价领域的影响也日渐加深，尽管传统的评价方法和工具依然有其特有的价值，但其自带的短板也十分突出，在全面测量学生的各种技能方面存在很大的局限性。因此，应用信息技术为教学评价提供多样化和动态的方法工具就成了必然选择。通过人工智能和大数据技术，可以建立智能化的教学评价系统，实现教学评价的自动化，提高教学评价的效率和准度，这些智能化评价工具还能根据学生的学习情况自动调整评价标准和难度，为学生提供个性化的学习建议和反馈，确保评价的针对性和有效性。通过智慧云平台等智能化手段，可以为所有类型的课堂教学留下清晰印记，从而科学评价教师的实际教学效果。虚拟现实技术为教学评价提供了新的可能性，通过模拟具有专业背景的真实生活场景或环境，能够为学生提供具有实践性、体验性的沉浸式学习机会，并将学生学习活动的过程和结果记录下来，作为评价学生实践能力和问题解决能力的依据。

教学评价方式的转变。当前，科技迅猛发展，简单、机械式的教学评价已经不能满足数字时代对人才培养的需求，教学评价方式亟须进行全面革新，不能再局限于以分数为单一价值取向的纸笔测试，评价方式应逐渐从单一的终结性评价转向多元化的过程性评价和终结性评价相结合，实现教学全过程的个性化、综合性、伴随性评价。通过在线测试、大数据分析、智能辅导系统等，可实时、动态地评估学生的学习进度和表现，改变教学评价主要拘囿于考试成绩和教师主观经验，以及教学评价数据来源单一且有限的状况，丰富并完善教学评价数据的来源，使反映学习过程中学生认知特点、能力水平、进程需求、情感态度等多方位的数据得到记录分析，从而能够全面了解学生的学习状态和成果，为教学评价提供更加丰富和多维的视角，将评价结果与评价者的个体特征和学习目标相匹配，为定制化教学提供有力支撑，支持对学生个性化发展的评价，落实综合性、伴随性评价机制。

（二）"教—学—评"一体化设计实践

20世纪80年代，美国教育家科恩将教学中的设计条件、预期的教学过程、教学结果三者的匹配程度作为研究对象，提出了"教学一致性"的概念。他认为，教学一致性是指教师在教学过程中，要使教学目标、教学行为和教学评价保持一致，以确保学生的学习效果得到准确评估。这一观点可以被视为"教—学—评"一体化思想的雏形。20世纪90年代，日本学者水越敏行提出了"教—学—评"一体化的教学评价原则。近年，我国颁布的普通高中课程方案、普通高中学科课程标准、义务教育课程方案、义务教育学科课程标准中都明确提出了"教—学—评"一体化或"教—学—评"一致性的理念，例如：《义务教育语文课程标准（2022年版）》中指出，教师应树立"教—学—评"一体化的意识，科学选择评价方式，合理使用评价工具，妥善运用评价语言，注重鼓励学生，激发学习积极性；《义务教育地理课程标准（2022年版）》中指出，以考查学生核心素养的发展成就为目标，体现"教—学—评"一致性，综合运用过程性评价、终结性评价等。

"教—学—评"一体化强调的是在教学过程中，教学、学习与评价三个环节相互融通，形成一个彼此依存、相互成就的有机整体。教师要以教学目标为准绳，在设计教和学的同时设计评价，使三者能够浑然一体，而不是使评价游离于教学之外。清晰的目标是实现"教—学—评"一致性的前提和灵魂。没有清晰的目标，就无所谓"教—学—评"的活动，没有清晰的目标，也就无所谓一致性，因为判断"教—学—评"是否一致的依据就是教学、学习与评价是否都是围绕共享的目标展开的。与传统的教学设计相比，"教—学—评"一体化指导下的教学设计要求

第四章　教学评价
——乡村孩子成长的多元标尺

教师根据实际教学的需要，充分挖掘教学活动中隐含的评价元素，设计出流畅合理的评价内容，并将评价有机嵌套于课堂教学的各个环节中，做到以评价支持教学，以评价导引教学。实际上，课堂上的学习任务本身就是一个复合体，其中既蕴藏了教和学的内容，也包含丰富的评价因素。例如，在案例教学、问题式教学过程中，案例分析、情境问题解决都可以作为评价任务，并一直贯穿于教学始终。

对于如何进行"教—学—评"一体化教学设计，威金斯等人提出的逆向教学设计理论可以作为基本指导。美国教育家格兰特·威金斯和杰伊·麦克泰格在《追求理解的教学设计（第二版）》中提出，最好的设计应该是"以终为始"，从学习结果开始的逆向思考。但许多教师从输入端思考教学，即从固定的教材、擅长的教法和常见的活动开始思考教学，而不是从输出端开始思考教学，即从预期结果开始思考教学。换句话说，很多教师只关注自己的"教"，而不是学生的"学"。逆向教学设计的核心价值取向就是以终为始，评价先行，学为中心，具有结果导向、程序重构的特征。"以终为始"是从想要达到的学习结果出发，将教学设计的三个关键环节——确定学习结果、确认评估证据、设计学习活动有机统一起来，实现"教—学—评"一致性。"评价先行"是指将评价前移，在决定教什么和如何教之前就必须思考如何开展评价，通过评价证据将学习目标和内容标准具体化，而不是在一个课时或一个单元学习结束后才进行评价。"学为中心"是指以学生学习目标的达成为教学设计的逻辑起点，通过创设真实的生活情境开展驱动任务，促使学生在学习过程中积极参与、主动探究、体验成功、获得发展。

逆向教学设计思想可以成为"教—学—评"一体化教学设计实践的基本理念，逆向教学设计的"三阶段模式——预期结果、评估证据、学习计划"也可以作为"教—学—评"一体化教学设计的实践范式。以下以人教版地理七年级上册"城镇与乡村"一节为例，进行示范案例呈现。

"城镇与乡村""教—学—评"一体化教学设计

陈鹏飞

阶段一：确定预期的学习结果

1. 所确定的目标

（1）通过阅读图像、观看视频或实地考察等方式，描述乡村和城镇景观特征的差异。

（2）运用有关城镇不同历史阶段的图文资料，简析城镇景观特征的变化及其原因。

（3）运用有关乡村不同年代的图文资料，简析乡村景观特征的变化及其原因。

（4）以一些典型的城乡景观为例，说出保护特色城乡景观的意义及举措。

2. 需要思考的基本问题

（1）什么是乡村？乡村最典型的景观特征是什么？

（2）什么是城镇？城镇最典型的景观特征是什么？

（3）城镇景观特征为什么会发生变化？会出现哪些变化？

（4）乡村景观特征为什么会发生变化？会出现哪些变化？

（5）为什么对有特色的城乡景观要进行大力保护？

3. 预期的理解

学生将会理解：

（1）乡村景观特征与农业生产活动密切相关。

（2）城镇景观特征与工业生产活动、服务业等密切相关。

（3）城镇景观特征的变化与城市规模的不断扩大密切相关。

（4）乡村景观特征的变化与社会经济发展、技术进步密切相关。

（5）处理好发展与特色城乡景观保护的关系的方法。

4. 学生获得的知识和技能

学生将会知道：

（1）城乡景观是有明显差异的。

（2）城市景观的变化及其原因。

（3）乡村景观的变化及其原因。

（4）特色城乡景观是人类文化遗产之一。

学生将能够：

（1）进行社会调查和实地考察。

（2）利用信息技术收集和处理资料。

（3）阅读、解释地图、景观图和了解视频中传递的信息。

（4）完整地分析有关图文资料。

（5）绘制简单的地图和景观图。

阶段二：确定合适的评价证据

1. 表现性任务

（1）收集资料——能设计简单的调查、考察方案，开展调查、考察实践活动，并利用信息技术，收集到与乡村和城镇景观特征相关的图文信息。

（2）口语报告——能根据图文资料或个人经验，条理清晰地表达出城乡景观特征及其变化。

（3）动手制作——能绘制出简单的城乡地图或景观图，以比较它们的不同。

（4）合作交流——具有协作意识、合作解决问题的能力与共享成果的态度。

2. 其他证据

（1）小测验——对城镇、乡村概念的理解；对城镇、乡村景观的判断。

（2）简答题——描述城镇、乡村景观的特点，并解释产生特征差异的原因。

（3）观察报告——调查、考察方案的设计及成果展示。

3. 学生的自我评价和反馈

（1）自评对图文信息的收集能力。

（2）自评对图文资料的分析能力。

（3）自评合作交流与成果分享能力。

阶段三：设计学习体验

教学活动设计要有体验的顺序性，下面依次列出了关键的教学活动，同时以 WHERETO 元素中相应的首字母为每个活动进行编码。

W——了解学习的方向（where）和预期结果（what）。

H——把握（hook）学生情况和保持（hold）学生情趣。

E1——代表知识的体验（experience）和观点的探索（explore）。

R——反思（rethink）和修改（revise）。

E2——允许学生对自己的作业和应用进行自评、互评（evaluate）。

T——根据学生个体的需求、兴趣和能力来定制（tailor）作业和活动。

O——组织（organize）教学，使其最大限度地激发学生的学习动机与持续参与的热情，提升学习效果。

活动顺序如下：

1. 选择一个问题为切入点，引导学生思考城镇和乡村的景观特征。你来自乡村还是城镇？用自己的方式描述一下你所生活的乡村或城镇是什么样子的。（O，H）

2. 介绍基本问题，讨论最终的表现性任务。学生用语言、文字或图像等形式比较城镇、乡村景观特征的差异及变化。（W）

3. 学生进行学习活动体验和实践探究。各小组课前进行调查、考察、查阅等地理实践活动，围绕任务群开展探究性学习；在课堂上进行成果展示。（T，E1）

4. 学生进行自评、互评。每小组代表的成果汇报结束后，教师先请小组内其他同学补充发言或评价，然后由其他小组的同学进行评价。（E2）

5. 教师进行点评，学生进行反思和修改。各小组汇报结束后，教师分别点评并总结，各小组进行学习反思并修改完善成果。（R）

6. 拓展延伸，深度探究。教师展示一张地图，各小组开展合作学习，讨论图中的两个村落中，哪一个更容易发展成为城镇。（T）

7. 特色城乡景观保护。教师播放具有特色的古村落、城镇古建筑的有关视频，让学生讨论保护特色城乡景观的意义和措施。（T）

8. 学习总结。在本课学习结束时，学生利用相关量规对学习情况进行自我评估。（E2）

二 创新方式方法：多把尺子就能多批"好孩子"

学生评价是学校教育评价的核心，因为促进学生发展是教育活动的本质追求，学生发展水平和状况理所当然是教育评价关注的焦点之所在。学生学科素养发展的途径和方法多种多样，学生发展的个性化特征日益鲜明，为适应这一趋势，教师应改进和完善评价方式，避免用单一的标准或方法来评价学生的综合素养。评价方法应具有多元性、时代性、真实性和发展性，变"一把尺子"为"多把尺子"，尊重学生的差异性和独特性，体现教育"为了每位学生的发展"的精神实质，使评价成为促进学生全面发展的"催化剂"和"助推器"。

创新评价方式方法，要注重对学习过程的观察、记录与分析，倡导基于证据的评价；要关注学生真实发生的进步，积极探索增值评价；要加强对话交流，增强评价双方自我总结、反思、改进的意识和能力，倡导协商式评价；要注重动手操作、作品展示、口头报告等多种形式的综合运用；要关注典型行为表现，推进表现性评价；要推动评价与新技术的融合。在科技迅猛变革的背景下，教育评价方法亟须创新，对更加细致、个性化的评价的需求不断增长，这些方法更为全面和包容，对学生核心素养的发展也更具有指引作用。教育评价方法的选择取决于教育环境的差异性与社会发展的时代性。

（一）强调表现性评价，凸显评价过程的真实性

表现性评价是 20 世纪 90 年代在美国兴起的一种评价方式，是教师通过观察学生在真实或模拟的情境中完成任务或任务群时的表现，并基于一定的评分规则对学生学习行为或学习成果做出判断的过程，关注的是学生在学习过程中的表现和历程。利用表现性评价可以考查学生对知识、技能的掌握和运用程度与口头表达能力、文字表达能力、批判性思维能力、交流合作能力、创造能力和实践能力的发展状况，也可以对学生所表现的学习态度、努力程度和问题解决能力等进行评定，是一种适于评价学生核心素养发展水平的方法。

1. 表现性评价的特点

首先是评价真实行为。表现性评价强调在真实情境中引发真实问题，再将其转化为解决问题的真实任务，促使学生在完成真实任务的过

程中领会和建构知识，生成学科素养，即评价要贴近学生生活实际和未来发展的需要。表现性评价为学生创造了在真实情境中解决问题的机会，只有在真实生活情境中生成的知识、能力和价值观才是真实持久的素养，而通过刷题应试习得的技能只能满足短期内的考试需要，无法形成真正的素养，更不能迁移到新的问题情境中。在生动并富有挑战性的真实情境中，学生在解决问题的过程中能体验"认知—实践—深化认知"这一完整的学习过程，形成个性化感悟、感知和价值判断，还能不断地反思并感受自我的进步，从而助推自我价值的实现与持续性成长。例如，有关小学数学"图形的位置与运动"，课程标准中的"内容要求"部分规定：能根据参照点的方向和距离确定物体的位置；会在实际情境中，描述简单的路线图。在教学活动中，可以引导学生用日常语言描述从学校回家的路线，然后在图上标出方位，画出路线图，标明主要参照物。在这个过程中，帮助学生建立几何直观，发展空间观念。再如，在进行小学语文第二学段（3～4年级）基础型学习任务群中"语言文字积累与梳理"学习任务群部分有关"在真实的语言文字运用情境中独立识字与写字，初步梳理常用汉字形、音、义之间的联系"内容的教学时，可以设计表现性活动任务"我是汉字小侦探"，引导学生在生活中细心观察、分析、整理，发现形近的汉字，归纳整理汉字的结构特点，并能用自己的语言交流，与同学们进行成果分享。在这个真实的实践学习过程中，学生可以掌握语言文字运用规范，感受汉字的文化内涵，奠定语文学习的基础。

其次是指向深度学习。表现性评价追求的是引导和促进学生的深度学习，发展学生的高阶思维，同时关注情感、态度、意识、动机等非智力因素，通过观察学生在真实情境下的反应，可以测评复杂、高阶的指向核心素养达成的目标。表现性评价是一种以学生为中心的评价，它强调学生的主体性和个人发展，关注评价过程，重视真实的评价任务。通过处理复杂问题和面对具有不确定性的情境,学生学会分析、发现、构想、归纳、创造,并将探究发现整合为系统论证或解决方案。与预设好答案的传统评价不同,表现性评价允许学生得出具有创造性和个性特征的多样化学习成果。表现性评价不仅关注学生的学习结果,更看重学生的学习过程和个性化发展,这样不仅能使思维可视化,还能促进学生对知识的深度理解。表现性评价的问题是真实的、复杂的、开放的,完成学习任务的方式也是多维的,学生面对的不再仅仅是公式、定理和概念等现成的基本结论,还有更多能生成真实问题的鲜活、生动的生活情境,这就有利于引发学生对学习的积极投入、对知识的主动建构和进行主动、有效的自我调节,从而推动深度学习的真正发生。

最后是深化"教—学—评"一致性评价。表现性评价的功能不再局限于鉴别和选拔,而是进一步拓展到引导、反馈及改进教学等多个维度,成为整个教学过程中至关重要的组成部分。在实现"教—学—评"一致性的过程中,表现性评价是一个重要的载体和突破口,它改变了教、学、评三者之间彼此游离、相互割裂的孤岛式格局,将教、学、评视为一个相互关联、相互支持、相互赋能的动态过程,三者相互融合、相互促进,协同为学生学科素养的形成提供有力支撑。

表现性评价为教师全程、全面、全员掌握学生学习的真实境况创造了适切的条件和契机,教师可以对学习进程和学习目标的达成情况进行明确评估,并将这些评价信息作为优化教学决策的重要依据,使教师能够对教学过程和效果进行有效监督和及时调整,做到教、学、评彼此融合、协调一致。表现性评价的独特之处还在于,在表现性评价的引领之下,学生能够明晰期望达到的素养目标,主动深入参与到基于真实情境的任务中,并通过评价规则获得及时的、持续的、循证的反馈,包括自我或他人的评价。这不仅能使学生在明确学习目标和评价要求的基础上,确定自己当下的学习表现、素养水平、与目标相隔的距离和进一步发展的方向等问题，而且有助于培养学生的责任心，提高学生的自我反思、引导、监测、调整能力，促进学生学习行为的不断完善和素养的持续发展。美国学者阿戴尔-浩克（Adair-Hauck）等人指出，嵌入课堂的表现性评价不仅能测评学生不断达到标准的进阶过程，而且以近乎天衣无缝的方式将基于标准的课堂教学与评价实践连接起来，两者不断互相渗透，从而改善教与学。

2. 表现性评价的要素

表现性评价的方法通常包括对开放性问题的笔试评价，对日常谈话和观察开展情况的评价，对思考力、判断力、表现力等高层次学力状况的评价，对成果的实际操作过程及展示的评价，等等。系统的表现性评价包括三个核心要素：一是学科素养具体化的表现性目标；二是促进素养生成的情境化表现性任务；三是基于学习进阶的科学化表现性评价标准。这三个核心要素之间相互关联、相互促进，其中，表现性目标需要通过具体任务来实现，而表现性任务和评价规则又必须与目标相一致。下面以部编版语文教材四年级上册《口语交际：我们与环境》为例进行实践探讨。

我们与环境

观山，看海，听雨，赏花……和大自然亲密接触，让我们心旷神怡。每个人都希望生活在美好的环境里。可是，只要大家稍稍留心就不难发现，人类的许多行为正破坏着我们的生活环境。

围绕下面的话题和同学交流。

◇我们身边存在哪些环境问题？对人们的身体健康有什么危害？

◇这些年来，哪些环境问题得到了有效的治理？为了更好的生活环境，我们可以做些什么？

> 如果开车时停候时间长,我们可以提醒爸爸妈妈将汽车熄火。这样可以减少尾气排放,也可以节省燃料。

> 最后离开教室的同学要记得关灯,大家一起努力,做到不开"无人灯"。

讨论后,可以选出十项简单易行的做法,印成《保护环境小建议十条》,张贴在学校、社区等地方的布告栏里。

◎ 围绕话题发表看法,不跑题。
◎ 判断别人的发言是否与话题相关。

(1) 设定学科素养引领下的表现性目标。表现性评价指的是通过客观测验以外的应用、展示、操作、表达等更真实的表现来评价学生实践能力、思维能力、表达能力、创造能力的评价方式,是对学生完成某项任务或任务群时所表现的综合能力的一种评定。表现性评价目标的设定须指向复杂的学科核心素养的培育,而不仅仅是简单的知识记忆或技能训练,目标的设定需要具体化和层级化,但也不能过分细化,否则就变成了零碎的知识点或孤立的技能。教师在设定目标时可以从以下四个方面检查自己叙写的目标陈述:第一,目标陈述在多大程度上与学科课程标准中的核心素养内涵一致?第二,目标陈述在多大程度上反映了持久性概念(包括原理、概念间的关系和可迁移到现实生活情境中的技能)?第三,目标陈述在多大程度上促进了知识的深度运用?第四,目标陈述在多大程度上给了学生展示学习证据的机会?

《口语交际:我们与环境》的表现性评价目标可确定如下:

· 学会观察,能准确发现并清晰说出社会上一些破坏环境的现象及其产生的环境问题。

·能举例并完整地说出环境问题对人类身体健康带来的影响和危害。

·开展讨论,针对身边的环境改善状况与自己可以为保护和改善环境所做出的行动进行充分交流。

·总结出十条切实可行的环保小建议,充分认识到环境保护不是一句口号,每个人都应从身边做起,从自己做起,做环保卫士。

(2) 设计促进核心素养生成的情境化表现任务。表现性任务不是简单运用知识或技能去解答题目的过程,而是应用知识与技能去解决复杂的、具有挑战性的问题,并在解决问题的过程中,促进核心素养的达成的过程。一个完整的表现性任务需要从现实生活中提取素材,紧密结合学生的生活经验,在真实的情境中生发;要具有需经过深度思维和躬身实践才能完成的挑战性,对学生具有吸引力和影响力,能激发学生的学习热情和兴趣;要聚焦单元大概念,彰显特质性的学科核心素养培育功能;要尽可能对背景不同的学生保证相对公平,并符合学生的认知发展水平。

《口语交际:我们与环境》的表现性评价任务可设计如下:

任务一:关注身边的环境问题,收集相关资料,并填写环境调查表。

任务二:观看书中插图及有关图像资料,说一说自己的想法。

任务三:围绕话题,交流:"我们身边存在哪些环境问题?""其对人们的身体健康存在哪些危害?"

任务四:归类总结,提出保护环境的小建议。

(3) 开发基于学习进阶的科学化评价标准。在设定具体化的表现性目标后,需要通过表现性任务的完成,采集系列性的、真实反映学生学习表现的有力证据,同时需要开发能够对学生表现做出判断和解释的评价标准，旨在为学生提供反馈和自我调节学习的支架。每项表现性任务都应有其相应的评价标准，从而使评价能够精准地反映学生的学习成果。这样，学生就能清晰地了解完成任务的方向和具体要求，使努力更具有针对性，以便对自己和同学的表现做出准确判断。在制定评价标准时，教师需要综合考虑教学内容的特点和学生的实际情况，同时要关注学生的个体差异与发展阶段，以保证评价的公正性和有效性。表现性评价标准不仅是对表现性目标的细致解释，更是对任务内容的进一步细化和深刻诠释。

《口语交际：我们与环境》表现性评价标准开发如下：

任务一评价标准：参与活动的积极性、主动性，收集资料方法的准确性和获得信息的完整性。

任务二评价标准：观察事物的目的性、条理性和敏锐性，获取的信息的准确性和全面性，口语表达的清晰性、流畅度和独到性。

任务三评价标准：交流内容与话题的契合度，语言的通顺性、条理性，理由的充分性、合理性，听取他人发言时的专注度，提出自己意见和建议的积极性。

任务四评价标准：梳理、归纳、总结能力，语言文字表达能力，解决实际问题过程中的交流、合作、决策能力。

在建立评价学生表现的不同指标的基础上，把每个指标所呈现的学业成就划分为不同的水平，并描述不同水平基础上学习结果的具体表现，这样就构建了表现性评价的科学化标准。

（二）开展思维结构评价，着眼于学习成果的可观察性

思维是人脑对客观事物能动的、间接的和概括的反映，是在社会实践和学校教育中形成的，它深刻地影响着人们的认识和实践活动。学科

核心素养的培养需要重视学生学习过程中的思维发展,对学生的思维表现可以从不同的角度进行评价,其中之一是对思维结构的评价,思维结构包括思维的目的、过程、材料、自我监控、品质、认知因素与非认知因素等。思维结构评价是指对学生在解决问题过程中的思维结构层次进行分级评估的过程,它关注学生在获取与解读信息、推理判断过程中和给出结论答案时的思维框架和模式,着眼于学生可观察的学习成果。思维结构评价的关键在于鉴别和评定学生在思维过程中的逻辑性、系统性和条理性。

1. 思维结构评价的理论依据

思维结构评价的重要理论依据是澳大利亚学者约翰 B. 比格斯和凯文 F. 科利斯教授提出的 SOLO(Structure of the Observed Learning Outcome,可观察的学习成果结构)分类理论。SOLO 分类理论也是表现性评价的较好量规。SOLO 分类理论将学生的学习成果分为以下五个层次(如图 4-1)。

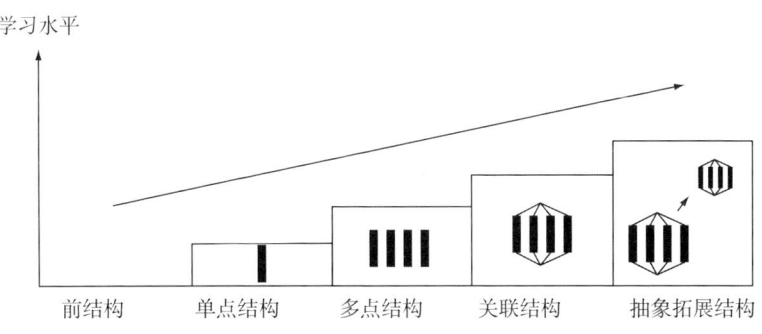

图 4-1 SOLO 理论下学生学习成果的五个层次

①前结构层次。这一层次也叫无结构层次,处于前结构层次的学生思维混乱,几乎不能建立知识结构,学生在这一层次,时没有形成有意义的理解,找不到回答或解决基本问题的切入口,不知道如何下手。

②单点结构层次。在这一层次，学生能够理解和使用单一的知识点或单一的技能，可以回答基本的问题，但只能涉及单一的要点或要素，仅凭一条线索、一个论据即可跳转到结论。③多点结构层次。在这一层次，学生能够理解和使用多个相对独立的知识点，可涉及多个要点或要素，但只能根据几个有限的、孤立的事件进行"概括"，而不能将它们综合起来，无法建立它们相互之间的关系。④关联结构层次。在这一层次，学生能够涉及多个要点或要素，能理解知识点之间的关系，并针对多个知识点建立合理的联系，形成一个有意义的整体，能在设定的情境中利用相关知识进行概括，但还停留在给定的情境之中。⑤抽象拓展结构层次。在这一层次，学生能够超越具体情境，进一步抽象认识，对未经历的情境进行概括，能创造性地应用知识，提出新的思想或方法解决更复杂的新问题，能用自己的话语给出教师预想之外的答案，或者是结论开放，可以容许逻辑上兼容的几个不同解答。

2. 思维结构评价的功能价值

思维结构评价是一种教育评价工具，关注学生在学习中表现的思维结构的个体差异，有助于帮助教师分析学生已达到的认知层次，为分析学生的思维层次提供依据，把握不同学生的学习状态，准确找到他们的"最近发展区"，对学生的学习水平进行可视化的细致评估。基于思维结构评价，通过观察学生的学习成果，教师可以进行深度教学反思，不断地调整和优化教学策略，使后续的教学设计能更有针对性地促进学生学科核心素养的形成。

思维结构评价对教学具有重要的指导意义。教师可以根据不同学段、不同层次学生的认知差异性，制定符合不同层级学生发展需求的教学目标；可以设计从基础性到探究性的思维进阶型学习任务，以确保教学内容和评估方法与学生的认知发展阶段相匹配；根据不同学生学习能力和现有学习水平的差异，可以依据实际学情因材施教，进行指向明确的个性化教学，帮助学生不断完善思维结构，为培养学生的高阶思维提供指导。

3. 思维结构评价的实施策略

思维结构评价操作的关键点如下。一是为学生提供必要的背景信息、数据或图像等情境资料，这些资料应与评价任务密切相关，并具有足够的深度和广度。二是设计需要学生解决的具有开放性、探究性和情境性的挑战性问题，这些问题能够激发学生的思维活动，使学生回答问题的思维过程可视化，并促使他们展现不同层次的思维结构，形成学习成果。三是仔细观察学生的思维方式和思维过程，并进行详细记录。四是对学习成果进行综合分析，使用结构化的评价方案，通过对学习结果的分析来判断学生的思维能力、思维品质、思维方式、思维习惯等思维发展状态。五是根据学生在思维结构方面的优点和不足，给出具体的反馈和建议。

以下是陈鹏飞老师依据高中地理部编版教材必修二第二章第三节"地域文化与城乡景观"一课所做的思维结构评价实践探索。

(1) 图文情境资料

篁岭晒秋

著名的晒秋文化起源地——篁岭，位于江西省婺源县的东北部。篁岭村处在一个小盆地内，四周被大山包围，地质类型十分复杂，村民把十分有限的平坦土地都用来种植农作物。当地人因地制宜，形成了将农产品放在晒匾内，摆在房前屋后晒架上进行晾晒的独特习俗。晒秋并非秋季的专属活动，每个季节都有应季的农产品可晒。篁岭村全村房屋呈扇形错落排布在落差近百米的山坡上，晒架与屋顶的高低对比，再加上错落有致的房屋，使篁岭晾晒更具层次感和美感。"篁岭晒秋"农俗景观于2014年被原文化部授予"最美中国符号"称号,2023年,篁岭村入选联合国世界旅游组织"最佳旅游乡村"名单。

(2) 设计问题:为什么能形成篁岭晒秋地域文化?

(3) 根据SOLO分类理论,制订评价标准。

(4) 对学习结果进行结构化评价。

生1:篁岭位于江西省婺源县。(前结构层次:学生无法进行正确解答。)

生2:位于山区,平坦土地少。(单点结构层次:学生只关注到一个要素就得出结论。)

生3:平坦土地有限,农产品需要晾晒,有在房前屋后晒架上晾晒的习俗。(多点结构层次:学生找到了平坦土地少、农产品需晾晒、晒架晾晒习俗等要素,但这些要素之间是孤立的,缺少联系)

生4:篁岭以山地地形为主,十分有限的平坦土地都用来种植农作物了,没有用来晾晒农产品的成块场地;这里属于亚热带季风气候区,多雨潮湿,需要对农产品进行频繁晾晒;这里属于相对封闭的小盆地地形,近地面风力较小。当地人因地制宜,就形成了将农产品放在晒匾内,摆在房前屋后晒架上进行晾晒的独特习俗。(关联结构层次:学生在答案中提到了地形、农作物种植、降水、风力等因素,并条分缕析地说明了这些要素对晒秋文化形成的影响)

生5：篁岭晒秋在自然和人文因素的共同作用下形成后，已经成为享有很高知名度的乡村旅游资源，并由此整体促进了区域可持续发展；吸引大量游客前来观赏和体验，带动了当地经济显著增长，旅游业带动了餐饮、住宿、交通、工艺品等产业的快速发展；旅游业的兴起为当地创造了大量就业机会，提高了居民收入和生活水平；高质量的旅游业发展也保护了文化遗产和生态环境。（抽象拓展结构层次：学生不仅能分析出晒秋文化形成的原因，而且能进行更高层次的思维，能从地理环境整体性的角度抽象概括出晒秋文化对当地区域可持续发展所带来的影响）

以下是王大新老师以部编版语文教材四年级上册《呼风唤雨的世纪》为例进行的思维结构评价实践。

(1) 课文资料

呼风唤雨的世纪

20世纪是一个呼风唤雨的世纪。

是谁来呼风唤雨呢？当然是人类。靠什么呼风唤雨呢？靠的是现代科学技术。在20世纪100年的时间里，人类利用现代科学技术获得了那么多奇迹般的、出乎意料的发现和发明。正是这些发现和发明，使人类的生活大大改观，其改变的程度超过了人类历史上百万年的总和。

人类在上百万年的历史中一直很依赖自然，生活在一个慢吞吞、静悄悄、一到夜里就黑暗无光的世界。那时没有收音机，没有电视，没有飞机，更没有宇宙飞船。人们只能在神话中用"千里眼""顺风耳"和腾云驾雾的神仙，来寄托自己的美好愿望。我们的祖先大概谁也没有料到，他们的那么多幻想在现代纷纷变成了现实。20世纪的成就，真可以用"忽如一夜春风来，千树万树梨花开"来形容。

20世纪,人类登上月球,潜入深海,洞察百亿光年外的天体,探索原子核世界的奥秘;20世纪,电视、程控电话、因特网以及民航飞机、高速火车、远洋船舶等,日益把人类居住的星球变成联系紧密的"地球村"。人类生活的舒适、方便,是连过去的王公贵族也不敢想的。科学既在改变着人类的精神文化生活,也在改变着人类的物质生活。

……

(2) 设计问题:20世纪的科学成就为什么可以用"忽如一夜春风来,千树万树梨花开"这句诗来形容?

(3) 根据SOLO分类理论,制订评价标准。

(4) 对学习结果进行结构化评价。

生1:下大雪后,梨树上的花都开了。(前结构层次:学生无法回答问题)

生2:古代没有收音机,没有电视,没有飞机,更没有宇宙飞船。(单点结构层次:学生尝试利用素材进行分析,却不能了解到更多的事实)

生3:到了20世纪,人类利用科学技术使古代神话里的"千里眼""顺风耳"和"腾云驾雾的神仙"变成了现实,科技改变了人类的生活。(多点结构层次:学生的回答考虑到了多种因素,如20世纪、古代、神话寄托的美好愿望变成了现实,但未能把古代漫长的时间、20世纪仅仅100年和众多、巨大、快速的变化等因素联系起来)

生4:人类在上百万年的历史中一直很依赖自然,生活在一个慢吞吞、静悄悄、一到夜里就黑暗无光的世界里。但在20世纪100年的时间里,人类利用现代科学技术获得了那么多奇迹般的、出乎意料的发现和发明,并且这些发现和发明使得人类的生活大大改观,其改变的程度超过了人类历史上百万年的总和。(关联结构层次:学生关注到了很多因素,并且不是仅仅将这些要素罗列出来,而是进行了逻辑关联,充分说明了20世纪100年间和之前的漫长年代相比所发生的巨大变化。所以,完全可以用"忽如一夜春风来,千树万树梨花开"这句诗来形容)

生5:另外,现代科学技术是一把双刃剑,有利也可能有弊,在提升人类精神生活和物质生活品质的同时,可能会带来一些负面影响,如环境污染、战争的残酷性、高科技犯罪等。人类应正确、合理利用科学技术,树立可持续发展理念,让科技造福人类。(抽象拓展结构层次:学生的思维层次超越了具体的课文内容,对问题进行了升华,能在一个更广阔的情境中发现问题,指向一个新的认知领域,并提出新的观点和思想)

思维结构评价方式可以改进课堂教学,避免片面使用客观题测试而导致的教学"碎片化"现象,进而将教学重点从只关注孤立"知识点"或单一的"正确"结论,拓展到关注学生对问题的完整认识过程。在开展思维结构评价的过程中,要尊重学生思维方式和思维习惯的个体差异,避免一刀切式的标准化评价,评价不仅要关注结果,更要注重学生在解决问题时呈现的思维过程,鼓励学生进行发散思维和求异思维,肯定学生提出的有创意的观点和方法。

三 优化作业设计:"小"作业担当大使命

《辞海》中把作业定义为为完成生产、学习等方面的既定任务而进行的活动。所以,作业既是名词,表示所要完成的任务,也是动词,表示完成任务的过程。根据时空差异,可以将学生作业分为课内作业和课外作业,后者是目前大家普遍关注的重点和焦点,也是课程改革推进过程中的堵点和难点。学生作业是教学体系的有机组成部分，是学生学习过程的拓展和延伸，是一种有目的地解决问题的学习活动。作业活动是培养学生思维能力、解决问题能力、实践创新能力的重要途径，是学科素养培育的有效载体，具有诊断反馈、学情分析、巩固提升、评价改进等多元化功能，是提高教学与评价质量、促进学校内涵发展的重要支撑，承担着独特的育人价值和效能。

（一）作业系统的育人功能

学生作业作为教学的常态化构成，其特有的价值意蕴只有被充分认识并且完整释放，教学才可能有高质量的发展。作业，这个学生做得最多，同时便于教师全面、清晰地了解学生学习情况的学习任务和活动，应是学校课程实施中举足轻重的关键环节，与课程、教学、评价和家校互动都有密切而复杂的关联。校本作业体系是折射学校教育理念和教学水平的名片，作业能否有效地设计和实施，从某种角度来说直接关乎教学目标的实现和学生素养的达成。作业不是狭义的练习，而是广义的任务，它是学生有效学习的集中体现，是学校育人的有效载体，随着对作业价值认识的全面且深入，其立体化的影响力越发明显。

作业的价值是多维的。好的作业具有很高的育人价值，不仅是巩固学生学习成果和反馈教情、学情的重要手段，还具有其他方式不可替代的育人功能，并且这种价值是全方位、多层面的，是维系课程、教学与评价的纽带，是联结学校、社会和家庭的桥梁，是牵动学习兴趣和学业成就的关键。

首先，作业是实现课程功能的重要载体。课程功能是教育的核心要素之一，是指课程在教学过程中发挥的作用和效能，它决定了教育的目标和方向，对学生的学习和成长起着至关重要的作用，它直接关系到教

第四章 教学评价
—— 乡村孩子成长的多元标尺

育目标的实现程度和学生素养发展的全面性。课程功能包括知识传授、能力培养、价值塑造、社会适应性等方面，具有综合育人、文化传承、激励引导等作用。作业的课程功能主要体现在它是课程的有机构成和重要环节，作为课程目标实现的关键手段，作业是核心素养培育至关重要的环节。作业是课堂教学的基本延伸和重要补充，这种延伸既是针对课堂学习的适当填补，能够起到复习巩固、强化训练、促进理解、提升技能等作用，也是基于课堂学习的灵活拓展，能够为学生亲身体验课堂这一有限学习时空内未曾涉及的学习活动提供实践支撑，它与课堂教学共同构成了学生的主要学习生活。尽管从本质上来说，作业依然是教学的一个构成环节，但它又已经超出了学校教学的基本时空范畴，对于在课堂教学中不易实现的课程内容或无法达成的素养目标，如实践探究、设计制作、个性专长等，作业就是完成这些学习内容或达成素养目标的有效方式和路径。因此，在课程视域下，作业的主要功能应该是帮助学生升华学习品质、提升内生动力、学会自主规划与管理。作为课程的一个重要组成部分，作业应强调其对于课程目标的诊断和改进教学的功能，同时，作为达到课程目标的一个途径，与教学同向同行，发挥着各自独有的时空特长和要素禀赋优势，形成在目标、内容和形式上相辅相成和相互成就的密切关系。

作业是推动学生自主学习的有力抓手，完成作业的过程，本质上是学生从师生互动的课堂走向独立自主学习的过程。作业是学生培养学习习惯、获得学习方法、提高学习能力、发展思维品质、激发学习兴趣、调节师生关系的重要途径，有助于促进学生的责任感、自律性、意志力、创新性和自我管理能力，支持学生在非智力因素方面的成长与发展，从而发挥育人价值。在作业系统中，学生应用课堂所学知识和技能对新情境中的问题进行解决，这既是一段有意义的新的学习旅程，又是检验学生思维能力、动手操作能力和实践探究能力的试金石，更是学科素养形成的行动历程。通过完成作业,学生可以感受到自己的成长和进步,激发学习兴趣和动力,增强对学习的自信心,从而更加积极主动地投入学习。

其次,作业是推进"教—学—评"一体化的有效路径。作业不仅具有承载课程价值、了解教学效果的功能,而且具有评价学业成就、指导教学决策的效用。作业是教师对学生的学习进行"捉虫"、诊断、归因、反馈并有针对性地调整和改进教学内容与方法的重要依据,是教师判断教学目标是否达成的一种有效手段。通过作业评价,教师能迅速发现教与学中存在的问题或盲区,及时拾遗补阙,革新方法,落实因材施教,实现教学相长。学科作业既是教学信息反馈的重要载体,更是沟通师生情感的桥梁。同时,学校可以通过定期检查学生作业和教师对学生作业的反馈情况,及时、准确、全面地了解和把握教师的日常教学状况。强调作业的评价功能,就是将作业作为一种教学评价工具和手段,通过构建多元评价指标、创新多样评价方式,对学生学习的过程和结果进行跟踪研究、调查分析、诊断评价、反馈决策等,从而促进教学的改进和学业质量的整体提升,构成目标导向下的"教—学—评"完整闭环,实现全面发展的学科育人目标。总之,作业能诊断、评价、促进教学,帮助教师测评教学效果,精准分析学情,提高教学质量。

作业评价是过程性评价的重要组成部分,要想发挥作业评价的特有功能,应注意以下几点。一是设计是作业评价的关键。教师要以促进学生核心素养发展为出发点和落脚点,精心设计作业,要做到表述规范、要求明确、难易合适,只有做出好的作业设计,才能有好的评价效果。二是要合理安排不同类型作业的比例,增强作业的可选择性。例如,义务教育阶段语文作业的设计,除写字、阅读、日记、习作外,还应紧密结合学生课堂所学,关注学生校内外个人生活和社会发展中的热点问题,设计主题考察、跨媒介创意表达等多种类型的作业,培养学生自主学习和综合学习的能力。随着学段的升高，作业设计要在识记、理解和应用要求的基础上加强综合性、探究性和开放性，以便为学生发挥创造力提供空间。三是教师要严格控制作业的数量，用量少、质优的作业帮助学生获得典型而深刻的学习体验。四是教师要认真批改学生作业，针对学生素养水平和个性特点提出意见，及时进行反馈和讲评，激发学生的学习热情，保护学生的自尊心，尊重学生的个性差异。五是要对学生作业进行跟踪评价，梳理学生作业发展变化的轨迹，及时关注不同学习阶段作业质量的变化状况。

最后，作业是家校共育的关键纽带。孩子的成长是基于家庭、社会、学校三方凝聚合力、协同育人的过程，基于家校协同的视角，家庭作业应该成为学校与家长联系的重要纽带，成为家庭与学校形成教育教学合力的载体。作为学生和家长之间、家长和学校之间、学校和社会之间联系的一种媒介，家长通过学生作业的数量和类型，可以了解到学校的办学理念、教学质量、学生在校学习的进展和学校的要求，及时掌握孩子的学习动向，学校通过家长对学生作业完成情况的反馈与评价，可以获悉家长对学校教育的感受和诉求，从而建立家校联系共育的桥梁，形成教育的连贯性。

每一位家长都很关心孩子的学习与成长，关注作业是家长关心教育的具体体现，学校需要引导家长科学地关注作业，要让家长有发言权，从孩子学习的旁观者转变为积极主动的参与者。家长可以根据自身条件，力所能及地、适时适度地参与孩子作业的完成过程，并能做出适当的鼓励、指导和评价。通过家长的反馈，教师不仅能掌握学生作业的结果达成情况，更重要的是还能了解学生完成作业过程中的情感态度和行为表现。从家长角度而言，要为孩子创造良好的作业环境，督促孩子从时间、效率、专注度等方面养成良好的作业习惯，培养孩子完成作业过程中的自信和诚信，要重视孩子的心理健康，不能制造恐慌和焦虑。但家长不能对孩子的作业进行过度干预,甚至代替孩子完成作业,这样做会剥夺孩子自主思考和学习的机会。家校双方通过对作业的密切关注,能够确保作业的质量和适量,避免作业成为学生的过重负担或学校矛盾的焦点,并且可以增进家校双方的相互信任,形成家校共育的良好氛围,更好地促进"五育"融合与孩子的全面发展和健康成长。

作业的价值是全程的。从作业的全流程来看,作业系统包括设计与布置、提交与批改、反馈与讲评、改进与提升等诸多环节,每个环节都承载着各不相同的育人价值和效能。设计是作业育人的逻辑起点和基本保证,它决定着作业的核心育人价值;作业布置的针对性、适量性、明确性、渐进性、多样性、发展性和适应性等都直接影响到作业的全面育人功能;改进与提升是作业反哺功能的发展性体现,既要求学生达成学习方法的不断改进和学习能力的持续提升,也是对教师的教学方法和能力水平提出的新的挑战。

教师布置作业,学生完成作业,教师再批改作业,这是教学的基本常规,但在不加选择的情况下布置过量作业给学生后,教师很难有充足的时间和精力进行认真批改,如此进行作业布置,不仅会给学生带来过重的课业负担,还会导致作业的基本育人功能弱化或丧失,甚至成为提高教学质量的障碍。教师对作业全批全改,有利于充分发挥作业的育人功能。因为,全批全改需要教师对作业进行精心设计和选择,有利于教师控制作业数量、提高作业质量,减轻学生过重的作业负担;全批全改有利于帮助学生认识学习的真实状况,了解自己的优势和存在的问题,以及今后努力的方向,还能对学生起到激励和鞭策作用;全批全改有助于教师精准分析教情、学情,调整教学策略,优化教学方法。

作业讲评是作业系统的重要节点,是以作业批改中发现的问题为导向,聚焦薄弱点,围绕作业中重难点的处理、关键点的拓展及方法的指导和启发展开的教学活动。作业讲评承载着很多育人功能,通过作业讲评,教师可以向学生反馈作业的完成情况,指出学生在学习中存在的普遍问题和个体的优势与不足;可以针对作业中的典型错误进行细致分析,帮助学生提升思维能力、纠正学习偏差;可以聚焦教学的重点、难点问题进行集中解决和突破。高质量的作业讲评应具有及时性、建设性、针对性、方法性和迁移性,教师在中肯地指出学生存在的问题的同时,要给予学生正面激励,肯定学生的努力和进步,保护学生的自尊心和学习积极性,注重引导学生进行反思总结并学会举一反三。在作业讲评过程中,教师需充分发挥学生的主体地位,不能进行"灌输式"的讲授,要重视讲评形式的多样化,通过作业的讲评,不断推动教与学关系的变革,还要注意讲评过程的动态化,应合理利用讲评过程中的生成性资源,进行作业讲评教学的动态性调整。

(二)作业困境的理性思考

近年来,各级教育部门积极推进义务教育学校作业管理改革,在规范作业设计、提升作业有效性、减轻学生负担等方面取得了显著成效。各地学校结合校情、生情和课改要求,探索多样化的作业优化实践,积累了丰富经验,为构建高质量作业体系奠定了重要基础。

当前,在传统教育观念、理论研究深度和实践创新条件等因素的影响下,作业体系的完善仍面临一定挑战。使作业进一步适应教育改革与学生发展的新要求,推动作业从单一功能向多态性育人价值回归,是未来作业改革的关键方向。对作业现状的反思,旨在聚焦真实问题、优化作业设计,使其更好地服务于学生的全面成长。

1. 作业理念有误区:科学的作业观亟待重塑

作业理念是指教师对作业在教育教学中应有地位与功能情况的整体认知,不同学校、不同的教师在对作业的认知方面还是有着比较大的差异的，不同的作业理念直接影响到作业的设计、布置和反馈，对作业的目标、内容、类型、难度和时间等方面都会产生很大的作用，从而产生差异性的作业效应。作为教育教学的一个重要环节，作业应与课程改革同频共振，课程改革理念应在作业体系中得到充分体现，作业也应成为课程改革理念有效落地的载体。但在教育教学实践中，与新课程视域下的学生观、教学观、评价观相契合的作业观依然在一定程度上有所滞后，亟待重塑。

我国的作业观长期受教育家凯洛夫的教育思想影响，他提出的"组织教学—复习旧课—讲解新课—巩固小结—布置作业"的"五步教学法"至今仍对我国中小学教学产生着深远的影响，受其"作业即教学巩固"思想的深刻影响，作业观的局限性仍然存在，例如，有些教师过分强调作业对知识和技能的巩固功能，使得作业的功能窄化，多元发展功能缺失，导致教师习惯于用作业数量作为衡量教学管理是否到位的标准和推动教学质量提升的路径，而忽视了对作业的质量的研究。作业数量的无序增多，必然导致学生课业负担过重与由此引发的一系列风险或危害，例如：学生身心健康状况变差、学习兴趣和效率低下、学习主动性和创造性减弱；师生关系紧张、亲子关系恶化、社会群体焦虑攀升；等等。

作业理念的异化也可能在一定程度上使得作业的解释价值被窄化。作业的解释价值是指通过分析处理作业所得到的学习过程和结果信息反馈，对学生阶段性学习状况做出质性评价，并由此判断学生的学习是否"增值"。作业的解释价值须强化作业评价的诊断、发展和增值功能，强调评价学生学习过程的变化，挖掘作业蕴含的"体验成功、发现不足、明确方向"的功能。但当下的作业往往依然存在功能单一、育人价值单调、过分强调作业对知识与技能巩固的意义等问题，使得作业设计的解释价值在一定程度上趋同化、窄化和弱化。

2. 作业设计存短板：高质量作业体系尚不完善

作业设计是教师将教学目标转化为学习目标的具体行为，作业既包括学生在课前、课中、课后不同时空下单独完成的练习题，也包括学生合作完成的具有综合性、开放性、实践性的真实任务和探究活动。在作业设计过程中，教师对作业内容的选取、分类、难易程度设计、完成时间安排等方面都要进行协同构想，需要基于课程标准，以保证方向性，立足教学目标，揭示说明性、统筹性内容任务，凸显整体性、着眼类别多样，体现功能性、把握难度系数，推进发展性、关注合理时长，注重有效性。作业设计的质量直接影响到高质量作业体系的建设。高质量作业体系是以学科课程标准为遵循，以校情、学情和课程发展要求为依据，开发出的具有五育融合育人价值的作业整体。在教学实践中，作业的功能与价值是客观存在的，但对于作业到底能起到多大的促进学生发展的作用，除学生个体因素外，作业设计和实施环节更是关键性的影响因素。从目前中小学各学科、各学段的作业情况来看，作业设计领域的问题依然比较突出，学校高质量作业体系的建构仍需不断探索。

3. 作业研究缺深度：专业支持机制有待构建

作为教育教学完整闭环中的一个重要节点，作业的设计和实施都存在系统性、长期性、复杂性的问题，应从研究的视角给予高度重视，形成完整的作业理论体系和实践策略。但在教学实践中，一些教师对作业的功能定位、设计理念、实施策略、批改讲评、统计分析、反馈改进等方面都缺乏深度研究。作业问题研究不仅关系到学生的身心健康和未来的成长，而且关系到课程改革的成败，乃至整个民族未来的希望。

重新定义作业，探求作业变革的进阶路径，充分挖掘作业固有的育人功能，是作业研究的出发点和落脚点。因此，作业研究应该开阔思路，丰富视角，能够进行更上位、更内在的反思和重建。针对当前作业环节面临的设计缺少规划、学情诊断不准、过程追踪困难、实践效果欠佳等问题，可以开展理论和实践层面研究，如：作业促进学习的认知模型研究、"教—学—评"一体化的作业设计研究、作业正向效应提升的影响因子研究、分层作业设计体系建构研究、素养导向下的作业评价机制研究、基于教学改进的作业案例分析研究，等等。

（三）作业设计的实践重构

作业设计是指依据作业目标，对学生学习任务进行统筹思考和周密谋划的过程，包括内容、类型、难度、时间、完成要求、批改方式的设计等维度，设计的方式有选编、改编和创编等。作业是联结教学与评价、学校和家庭的桥梁与纽带。在由设计、布置、批改、分析、反馈等环节构成的作业链条中，设计是关键，处于作业系统的核心位置，作业的功能和价值生发于设计和实施过程之中，因作业引发的学习负担过重和衍生出的一系列问题都与作业设计的品质有着密不可分的直接或间接关联，作业能否科学有效地设计和实施，在很大程度上直接影响着教学质量和素养目标的实现。通过高质量的作业设计，满足学生的价值期待，促进作业功能的实现和学生的发展尤为重要。教师在设计作业时不仅要注重其与学习内容的联系、与整体学习进度的配合，更要关注其所体现的学习方式的意义与过程性评价功能的发挥，以便让作业成为学生学会学习、进一步深入学习的过程与经历中的有效要素。

1. 设计素养导向下的类型多元化的作业

作业设计是作业评价的关键，教师要以促进学生核心素养发展为起点和归宿，精心设计作业，做到用词准确、表述规范、要求明晰、难度适宜，要合理设计和安排不同种类的作业，丰富作业的类型，增强作业的多样性、选择性和针对性。

首先，核心素养立意下的作业设计需基于核心素养引领。学科核心素养是作业设计的价值依据,课程标准中的课程基本理念、课程目标、课程内容、学业质量及评价建议是作业设计的上位依据。通过深耕作业设计,可以厚植学科核心素养,全面评价学科核心素养的达成情况。例如,义务教育语文学科核心素养包括文化自信、语言运用、思维能力和审美创造,基于这四个维度的核心素养,课程标准又提出了学段要求:识字与写字、阅读与鉴赏、表达与交流、梳理与探究。为实现核心素养的有效落地,在进行部编版语文五年级上册《落花生》一文的作业设计时,可以设计出这样的作业:

看到下图中的事物,你会想到什么样的人呢?按照示例用一个词语来进行概括,并选择其中一项写一段话(要求:先写清楚这个事物的基本特点,再写出它让你联想到的人,并抒发自己的感想)。

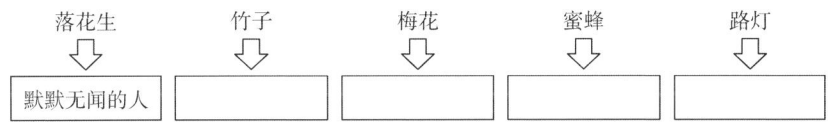

《落花生》作业设计

这个作业通过阅读与鉴赏、表达与交流和梳理与探究活动,实现了语言运用素养的达成,并由此促进学生思维能力和审美创造素养的提升。

其次,核心素养立意下的作业设计需基于问题情境。作业设计的基点是问题,问题设计需要依托情境,问题情境是作业设计的逻辑起点,只有在真实的情境中解决相对复杂的问题,才能真正生成学科核心素养。作业情境之于知识,如"水中盐、蜜中花,体匿性存,无痕有味",知识需要融于情境之中,才能显示活力和美感。因为情境具有鲜活、动态和复杂的特性，所以，一旦将作业嵌入真实情境中，就可以改变其单纯指向孤立、割裂、碎片化知识的倾向，使学生在学习时不仅能明白道理、贴近真相，还能够更好地激活高阶思维和深度学习。作业情境的创设不能是贴标签式的生拼硬凑，而是要做到：丝滑细腻，贴近学生知识水平、生活实际和社会现实；蕴含与实际情境关联、可以激发学生的探究欲望、体现学生思维发展过程的真实问题；联系课程标准与教材，为学习找到支点。

例如，针对部编版数学教材四年级下册"小数加减混合运算"教学内容，可以设计如下基于真实生活情境的作业：

小明的妈妈在大众超市购物的结算票据如下表，根据小票中的信息解决下列数学问题：①小明的妈妈购物一共花了多少钱？②大众超市需要找给小明的妈妈多少钱？③你还能提出其他数学问题并解答吗？

商品名称	数量	金额（元）
荠菜馅饺子	1盒	15.6
橙子	1箱	56.8
牛奶	1盒	9.9
合计金额：		
实收金额：100元		
找零金额：		

再如，部编版语文教材六年级上册《草原》课后第三题："蒙汉情深何忍别，天涯碧草话斜阳"，你从课文哪些地方体会到了"蒙汉情深"？生活中你也有过与人惜别的经历吧，和同学交流。为了帮助学生展开思维，有效表达，可将此题转化为如下三道作业题。

（1）你从课文哪些地方体会到了"蒙汉情深"？填一填。

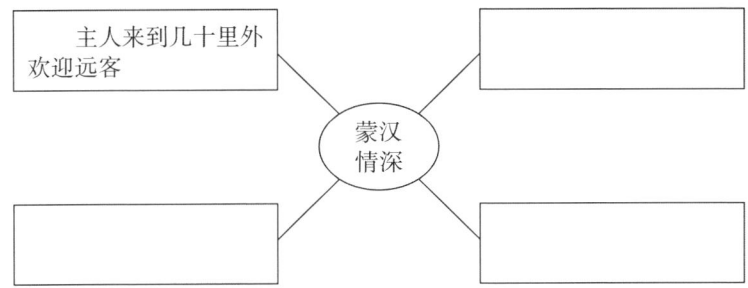

（2）"蒙汉情深何忍别，天涯碧草话斜阳"的意思是：_____
_____。

（3）你在生活中一定有过与人惜别的经历，请你写一写当时的情景：_____。

第三，核心素养立意下的作业设计需类型丰富多元。作业类型会影响学生的学习方式和学习兴趣，进而影响作业效果和学生对作业的感受。作业由甄别与分级功能向诊断与发展功能转化，引导着作业设计类型的丰富多样，书面作业与实践活动类作业相结合，有助于对书面作业进行控量提质、优化赋能，因此，大力倡导探究体验、实践操作、设计创新和跨学科、项目式等类型的作业。作业类型的界定维度有多种，可以分为书面作业和实践作业、开放性作业和聚敛性作业、短周期作业和长周期作业、合作性作业和独立性作业等，还可以划分为单科作业和跨学科作业、课时作业和单元作业等。作业类型能够折射出一定的作业价值观，不管是哪一种类型的作业，都有其应有的价值和意义，既不能否定知识性和技能性作业，如必要的记忆背诵、运算类等书面作业，也不能拘囿于巩固练习类的作业，因为开放、探究、实践性作业对于培养学生的问题解决能力、合作探究能力、实践创新能力都具有不可替代的独特作用，不同类型的作业应该有合适的比例，在作业设计和应用过程中，应该使每种类型的作业都能恰如其分地彰显其所蕴含的价值追求和目标定位。

项目式学习：校园花坛创意设计

在部编版数学教材五年级上册"多边形的面积"单元教学结束时，既应设计基础性作业、拓展性作业（或者提高类作业），也应设计以解决现实生活中的真实问题为主的项目式作业。如"花坛创意设计"：根据本单元所学平面图形面积的知识，为学校设计一个大小为36平方米的校园花坛，形状自定。先独立设计并画出示意图，完成后组内讨论，结合组员的初步设计，对花坛形状进行创意提升设计，并通过调查分析，选择合适的种植花卉，形成完整的创意花坛设计方案（包括花卉种植费、人工费、标志牌制作费等费用预算），然后在班级内进行汇报展示。

跨学科学习：走进北照古陶，弘扬非物质文化遗产

部编版语文教材五年级下册第七单元学习内容包括课文《威尼斯的小艇》《牧场之国》《金字塔》、口语交际"我是小小讲解员"和习作"中国的世界文化遗产"，在本单元课堂教学完成后，可以设计综合实践活动作业，引导学生围绕乡土文化开展跨学科主题学习。阜阳市颍东区袁寨镇北照古陶陶艺入选第四批阜阳市级非物质文化遗产代表性项目名录，成为阜阳具有代表性的地方文化特色之一。明朝初年，阜阳陶文化技艺达到巅峰，朱元璋曾命人在此建造了七十二座龙形连窑，专为南京皇室制作宫廷陶制品。现在的北照古陶陶艺艺术馆就位于千年古刹北照寺附近。学生以语文学科为基础，融合历史、地理、美术、劳动、信息技术等学科知识与技能，以北照古陶为切入点，开展跨学科学习选题方案制定、实践探究、成果展示等活动。在综合运用多学科知识与方法发

现问题、分析问题、解决问题的过程中，学生能够联结课堂内外、学校内外，拓宽语文学习和运用领域，提高语言文字运用能力，感受家乡文化的博大精深，提升文化修养，发展核心素养。

2. 设计整体建构视角下的单元作业

单元作业设计就是以学习单元为单位，整体组织学习内容，确定作业方案，形成教学评价结果的作业设计形式。单元作业不是课时作业的简单累加，而是综合应用单元核心知识解决真实地理问题的项目任务，是对学科核心素养目标的整体性评价，具有聚焦性、系统性、进阶性的特点。相比于"一课一得"的课时作业，它不仅是形式上的统整，更重要的是其以大概念为锚点，紧密连接单元学习内容，深刻体现学科核心素养下作业的情境性、综合性、结构性、开放性、长周期性等特征。

学会学习　学会相处
——部编版语文二年级上册第八单元作业设计

单元分析：

单元信息

基本信息	学科	年级	学期	教材版本	单元名称
	语文	二年级	第一学期	部编版	第八单元
单元组织	自然单元				
课时信息	序号	课时名称		对应教材	
	1	狐假虎威		第22课	
	2	纸船和风筝		第23课	
	3	风娃娃		第24课	
	4	语文园地八		语文园地八	

课标要求：

识字与写字
- 喜欢学习汉字；
- 书写注意间架结构，感受汉字的形体美；
- 写字姿势正确，书写规范、端正、整洁；
- 学习独立识字

阅读与鉴赏
- 喜欢阅读，感受阅读乐趣；
- 学习正确、流利、有感情地朗读，学习默读；
- 结合上下文和生活实际了解词语意思，积累词语；
- 展开想象，获得初步的情感体验

梳理与探究
- 观察字形，体会汉字部件之间的关系；
- 梳理学过的字，感知汉字与生活的联系

表达与交流
- 对写话有兴趣，写自己想说的话，写想象中的事物；
- 在写话中乐于运用阅读和生活中学到的词语；
- 学习使用逗号、句号、问号、感叹号

教材分析：

本单元围绕"相处"这个主题编排了《狐假虎威》《纸船和风筝》《风娃娃》三篇故事，旨在让学生通过阅读这些故事，感受到应该怎样与人相处。这些故事情节生动有趣，角色个性鲜明，引导学生在学习和生活中与人友好相处。

自主识字 自主阅读 借助提示 复述课文

22 狐假虎威
先对词语进行分类，再分角色表演故事，表现词语的意思。引导学生根据两类词语感知角色是怎么做、怎么说的，并借助对话中的提示语帮助学生体会角色的心理活动，在此基础上将分角色表演落实到位

23 纸船和风筝
对于全文不注音的课文，引导学生把之前学习到的方法以及本学期学习的部首查字法等识字方法综合运用到课文的学习中，学习默读，巩固默读方法，并将这一方法运用到日常阅读中，促进阅读理解

24 风娃娃
对于全文不注音的课文，引导学生综合运用多种方法识字，并根据提示讲故事。教学时，引导学生在了解课文主要内容"风娃娃来到哪些地方、做了什么事"的基础上，借助提示讲故事

语文园地八
识字加油站：归类识字、学词；
字词句运用：猜读拟声词，在语境中运用；
书写提示：左右结构的汉字的书写要点；
日积月累：积累九个包含动物的四字成语；
我爱阅读：感受称赞的美好

第四章 教学评价
—— 乡村孩子成长的多元标尺

学情分析：

在前期的学习中，学生掌握了不少识字方法。在本单元的识字教学中，可放手让学生综合运用多种识字方法自主识字，并在课文语境和生活情境中帮助学生进行语言积累。学生已经能够正确、流利地朗读课文，本单元需要学生在此基础上继续学习分角色朗读课文和默读课文，通过角色体验，感受童话中的人物形象，达到积累、运用语言和领悟道理的目的。默读课文仍然需要教师从方法上进行细致指导，以巩固默读的效果，并主动在日常阅读中运用默读。进行语文园地教学时，要引导学生建立语言运用和课文之间的关联，注重全体参与，让学生在新的语言实践活动中积累学习经验，激发学习潜能。

单元学习目标

课文目标：

1. 认识41个生字，读准2个多音字，会写25个字，会写27个词语。

2. 综合运用多种方法自主识字、自主阅读，读懂课文。

3. 能够借助提示讲述故事。

4. 继续学习默读，试着做到不出声。

5. 通过故事内容，感受到应该怎样与人相处。

语文园地八目标：

1. 认识12个生字，能根据动物的不同特点，尝试采用不同的分类方法。

2. 能借助形声字的构字特点猜读拟声词的读音，并根据语境恰当运用拟声词。

3. 了解左右、宽窄大致相等的字的书写要点，养成先看后写、减少修改次数的书写习惯。

4. 背诵含有动物名称的四字成语。

5. 阅读《称赞》，感受称赞带来的美好与快乐。

单元作业目标

识字和写字:

1. 巩固识字、写字,能够正确认读并规范书写要求会写的生字,能在语境中正确使用要求会写的词语。

2. 在语境中正确区分多音字的读音,辨析形近字的用法。

积累运用:

3. 积累拟声词和带有动物字词的成语,尝试在语境中使用词语。

4. 通过表达练习,尝试运用学过的词语把句子写得具体生动。

阅读表达:

5. 综合运用多种方法自主识字、自主阅读,独立、正确地默读课内外的短文。能够根据要求从文中提取关键信息,读懂文章的内容并从中受到情感态度价值观的熏陶。

6. 尝试借助提示讲述简短的故事。能按照要求紧扣文本展开想象,进行创造性的表达。

课时作业设计(节录)

作业层次	22 狐假虎威 第一课时 作业内容	设计意图
轻松达标(课中)	狐狸当上了大王,整日指挥大家去寻宝。哪里真的有宝藏? 野猪大哥你别急,丛林深处有宝藏。让我们一起去寻找! 6分钟	创设寻宝情境,让孩子充满兴趣地参与其中。孩子们通过认读词语,达到巩固识字的目的

续 表

轻松达标（课中）	正确读出词语是打开宝箱的密码，小勇士们快来挑战吧！难读的字可以多读几遍。 狐假虎威　违抗　百兽　嗓子 一趟　野猪　纳闷　受骗 加点的字是打开神秘宝箱的密码，你能正确读出句子中加点字的读音吗？ 1. 一转（zhuàn　zhuǎn）眼，狐狸就跑得没影了。老虎在森林里转（zhuàn　zhuǎn）了一圈也没找到它。 2. 快下雨的时候，天气闷（mèn　mēn）热，鱼儿也游出了水面。狐狸非常纳闷（mèn　mēn），为什么会这样呢？ 生生互评：☆☆☆	依义定音是判断多音字读音的重要原则，本题通过具体的语境，让学生根据上下文的意思来判断多音字的读音
快乐提升（课中）	4分钟 哪些词语是写老虎的，哪些是写狐狸的？先分一分，把词语送到正确的地方，就可以开启宝库大门了。 ①半信半疑　②神气活现　③大摇大摆 ④东张西望　⑤摇头摆尾 老虎：_____ 狐狸：_____	本题紧扣本课重难点进行复习巩固，并且让学生在理解的基础上运用词语

续 表

作业层次	第一课时 作业内容	设计意图
	1. 老虎要求动物们专心听它说话，不要（　　　）。 2. 狐狸经常说大话，现在小动物们对它说的话都（　　　）。 教师评价：☆☆☆	
勇敢挑战（课后）	森林大剧场要推出《狐假虎威》这个剧目，现在正在挑选演员，被选中的可以得到"奥斯卡小金人"。快和伙伴一起试试吧！ 神气活现　　　摇头摆(bǎi)尾　　　半信半疑 东张西望　　　大摇大摆 生生互评：☆☆☆	在学生熟读课文的基础上表演故事，进一步体会角色的特点，加深对文本的理解，并感受学语文的乐趣

（案例创作：东平路小学　张雪英）

3. 作业设计的可视化路径寻绎策略

课程视域下的作业设计理念落地，需要有载体和支撑，可视化的作业设计策略不仅解决了作业设计中的"是什么""为什么"的问题，更加注重解决"怎么做""如何做得更好"的问题。通过可视化的作业设计，不仅可以看到作业设计的结果，而且可以看到作业设计的过程，强调作业设计的可观察性、可理解性、可操作性，其是让教师掌握"看得见、用得上、摸得着、出效益"的技术路径，也是作业设计的建模方法。

（1）作业立意。基于素养立意，目标意图不能大而无当、隔靴搔痒，应该具有目标明确、思路清晰、主题突出、视角精准的特点。

（2）情境创设。情境是运用文字、数据、图表等形式，围绕一定的主题加以设置，为呈现解题信息、设计问题任务、达成测评目标而提供的载体，是为激发学生的认知建构与素养表现搭建的平台，是以问题或任务为中心构成的活动场域。

（3）问题呈现。设问是作业的呈现形式，其本质是作业任务的要求与内容范围的确定，其直接关系到作业立意的达成度。

（4）反思打磨。反思包括对作业目标的解释性、作业类型的多样性、作业难度的分层性、作业时间的适切性、作业差异的针对性、作业结构的有效性等维度进行深度的再思考。反思的目的是提高作业设计质量的。

（5）反馈改进。作业设计不是固化的、静态的，而是实践的、动态的，是通过与作业实施互动，不断进行完善的。这就体现了作业结果对作业设计的诊断、反馈和改进功能。通过学生的作业结果来判断，甚至通过学生的"出声思维"来分析作业设计的问题，可以改进作业设计行为，提高作业设计品质。

下例为地理跨学科主题作业设计路径。

我的家在这里

一、作业立意

学生对自己家乡的山川河流、人物风情、历史沿革、产业发展、商贸物流、文化嬗变等进行研究时，因为具有亲身体验，研究起来兴趣盎然。本学习活动围绕"家乡"这一主题，将地理课程和其他课程中涉及的乡土知识与学生身边的各类学习资源进行整合，设计为跨学科主题学习活动，旨在培养学生热爱家乡、热爱祖国的情感。

二、作业目标

1. 将书本知识应用于认识家乡的实践活动中,学以致用,发展知行合一的品格。

2. 深入了解家庭、学校、社区的过去、现在和将来,激发对家乡的情感,增强建设家乡的责任感。

3. 学习乡土实践的方法,提升社会调查、人际交往和跨学科学习的能力。

三、情境创设

师生共同呈现家乡地理、历史、文化、经济、社会等多方面的图文资料。

四、问题提出

通过观察、思考、交流和实践,在追寻自己家乡变迁的过程中,不断产生兴趣、形成问题,自主建构学习框架,探寻解决问题的途径。本学习活动以社会调查实践活动为主,可以设置以下几个方面的任务。

1. 调查家乡的地理环境及人们的社会生活情况。这个任务又可以细分为若干个切口更小的活动。例如:调查地形、气候等自然环境特征对传统民居的影响;调查地形、河流、交通与城市或乡村的形成和变迁之间的关系;调查家乡自然环境对农业生产的影响。

2. 调查家乡的历史变迁情况。充分调动社会资源,以时间为轴,从不同层面收集历史素材,结合社会发展的事实,感受家乡的变迁。

3. 调查家乡的建设和发展情况。以家乡发展的真实人物和事件为抓手,从具体案例中领会家乡的发展。在社会调查过程中,感受家乡的新面貌,并针对存在的现实问题,提出合理的建议。

五、活动评价

采用过程性评价和终结性评价相结合的方式,通过设计学习过程观察量表、学习任务单、学习过程评价表、学习结果评价表,由教师、学生、家长多方评价，共同形成对学生跨学科知识运用水平、学习活动表现等方面的记录和评价，全面评价学生在学习过程中的成长和变化。

［本设计改编自《义务教育地理课程标准（2022年版）》中的案例］

作业设计在整个作业系统中虽然处在核心位置，但并不是一个孤立的存在，而是要与作业管理、作业批改、作业分析、作业反馈、作业讲评等环节密切联系。作业在整个教育领域中也不是单独的教育元素，它与教学体系、考试体系、评价体系也是相互嵌套、互为补充的，它们共同发挥着协同育人的价值。

信息化、智能化深刻影响着教育的发展，信息技术与作业系统的深度融合已成为教育必须面对的课题。深化信息技术支持下的作业应用，是发挥作业育人价值的新的增长点。在数智化时代，信息技术支持下的作业系统具有不受时空限制、作业资源丰富、作业形式多样、布置推送个性化、学生自主选择性强、批改反馈及时、能够基于数据分析精准施教等独特优势，还可以更好地增进学习体验，提高使用便利度，提升作业效能。但线上作业也有明显的短板，其最大的劣势在于学生难以在线高效完成实践开放类作业，因此，不能用线上作业简单替代线下作业，二者应相互衔接、彼此融入，这才是未来作业发展的基本走向。

第五章　校本研修

——乡村教师专业发展的远行之力

乡村教师专业成长的途径可能有千万条，但最根本的还是基于学校、在学校中、为了学校发展而进行的植根式研修，因为这是他们专业发展的立足之地、成长之基、力量之源。校本研修就是一种以学校为基点，以解决发生在教师身边的教育教学中鲜活的实践问题为指向的教师发展模式。该模式旨在通过集体学习、实践反思、协同研究、专业引领等途径提升教师的专业素养和教学能力，促进学校教育教学的高质量发展。

校本研修的价值取向本质上是教育民主化、专业化和人文化的体现，它既是对工业化时代模式化、标准化培训的超越，也是对教师即研究者理念的实践回应，最终指向让教育真正回归、让成长真实发生的理想图景。校本研修不是短期的集中培训活动，而是长期、持续的改进和提升实践，在这一教育实践活动中，追求的不仅是教师个体能力的提高，更主要的是组织生态的持续性优化。

第五章　校本研修
——乡村教师专业发展的远行之力

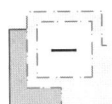

一　价值取向：以发展为核心的扎根式研修活动

校本（school-based）可以理解为以校为本。校本发展的教育理念兴起于20世纪70年代的美国，20世纪80年代以后，逐渐成为影响教育改革的主要潮流，以校为本的教育理念意味着教育发展的权利下放。校本研修是指将教学研究的重心下移到学校，以课程实施过程中教师面对的各种具体问题为对象，以教师为研究的主体，专业研究人员共同参与的促进教师专业成长的实践活动。

（一）实践本位：从单向的理论浇灌走向现场的问题解决

1. 校本研修应势而起

学校是教育实践的核心场域，教学研究应当扎根于学校的真实场景，与课堂教学深度融合，从而促进教师专业素养的持续提升。当前的教研体系在推动教育质量提升方面发挥了重要作用，尤其是其自上而下的行政推动机制，能够有效解决普遍性的教育问题。然而，随着教育改革的深化、区域教育的差异化发展、学校自主性的增强和教师专业成长路径的多元化，现有的教研模式在应对个性化、情境化的教学问题时，仍有优化空间。

在教研实践层面，可以观察到以下值得关注的现象：

研究主体方面，专业研究人员与一线教师的协作仍有提升空间。部分教师可能尚未充分意识到教学研究与其日常工作的紧密联系，或受限于参与机会和角色定位，在教研活动中更多处于执行者而非主导者的位置。

研究内容方面,对共性问题的研究较为成熟,但对基于一线教学情境的个性化问题的研究仍需加强。专家研究成果如何更好地转化为教学实践,如何支持学校的特色化发展,是未来教研体系中可以进一步探索的方向。

教研形式方面,评比、检查等传统教研模式在激励教师成长方面具有一定作用,但长期、可持续的教研支持体系和基于真实课堂问题的行动研究仍有待深化。如何减少形式化倾向,提高教研的实践指导价值,是教研机制优化研究的重要课题。

值得注意的是,教师的教学实践需要理论与实践的结合,而教研体系的完善,正是为了在共性指导与个性支持之间寻求更优平衡。未来,通过增强教师的研究主体性、加强教研内容与形式的适切性,教研体系将能更好地助力教师的专业成长和学校的特色发展。

正是在教育教学理论与实践都发生着重大变革的形势中,教育者遇到了未曾预料到或准备不足的困难和问题,传统意义上自上而下、单一指令性的教研模式已经不能适应教师的专业发展需要,教学研究向学校回归、向教师回归、向课堂回归、向学生回归已经成为一种发展趋势,这就要求教师成为研究者,成为有思想的行动者,在校本研修中锤炼技能、提高素养、升华品质。当然,应势而起的校本研修并不是否定传统的区域性的集中教研,二者应是相互补充、互相成就、相得益彰的关系。

2. 校本研修因用而兴

校本研修的价值内核是基于实践、为了实践、在实践中开展,是以真实教育教学场景中的问题为起点,通过行动研究实现教育教学的改进和提升的。教育教学理论和实践之间应是水乳交融的共生共长关系,只有经过学校这个教育实践主体,教育教学理论才能得以践其言、成其

第五章　校本研修
——乡村教师专业发展的远行之力

行。教师研修校本化恰恰可以为抽象理论与鲜活实践的有机结合贡献生机和活力，既能满足教师专业发展实践的内在渴求，也是理论专业人士行动的自觉转向。因为任何一所学校都是具象的、独特的和不可替代的，其具有的复杂性和隐蔽性是其他学校的经验和成果不能真正说明的，也是普遍性理论所不能充分诠释的，只有在学校具体的教育教学场景中，充分而又全面地认识学校的文化脉络、发展优势和现实困境，才能找到解决真实情境化问题的方法和路径，只有在学校个体化基础上形成并发展起来的个别化扎根理论才能更适宜、更妥帖，也更奏效。

乡村教师专业发展的进路有很多，集中研训就是一个重要的路径。但由于集中培训资源的有限性，相当多的乡村教师不能或极少能参与到其中，并且规模比较大的集中培训很难做到保持经常性和连续性，一部分集中培训还存在主体不明、目标不清、过程不实、结果不良、应用不强的"营养缺乏"问题，与此同时，乡村教师的专业成长又迫切需要先进的理论对教育教学实践进行指导。在这种实践刚需的背景下，需要开辟教师专业成长的新赛道，基于此，校本研修的独特优势作用得以彰显和发挥。

校本研修不是为了研究而研究，不是为了验证某种教学理论或假设，其出发点和落脚点都在于通过解决教学中的实际问题，改进教学行为，提升教学质量，实现教学的内在价值。校本研修关注的不是宏观层面的一般问题，其研究的是教师在教室里产生的个性化问题，而不是从文献资料中寻找出的普遍性问题，其研究不会拘囿于笼统的理论和模式，而是利用某种教育教学理论或模式具体分析教育教学中的实际问题，探寻解决问题的具体对策。校本研修打破了理论与实践的割裂局面，推动教育研究回归"田野"，回归底部。

（二）教师主体：从消极的被动接受走向积极的主动建构

校本研修的主体性强调教师是研修的主体，是指教师在研修中表现出的自主性、自觉性和创造性等特质。自主性是指教师在教育教学活动中能自主决定教学策略和方法，根据自己的专业判断和经验来设计和实施教学活动。自觉性是指教师在教育教学中表现出的强大内驱力和自愿性，是教师内在的需要和意向，教师能通过自我实践和反思，创造性地解决问题，设计富有创意的教学活动，不断改进自己的教学方式，实现自我超越和特色化发展。教师的主体性发展强调个性化和连续性，教师在反思中建构独特的专业自我，并通过不断修正和完善来实现持续的专业成长。

从价值内涵方面来看，校本研修尊重教师的专业自主权，强调教师是研修的设计者、实践者和反思者。在研修中，赋予教师决策权，激发教师的内在动力，教师可以自主提出在实践中产生的研究问题，并且进行个性化的校本课程教学设计，而不是进行标准化的统一性理论知识与技能传授，教师可以通过教育叙事、反思日记等自主化的表现形式展示个体实践性成果，从而弥补专家主导式的教研或培训的不足，实现学校发展、教师成长的双赢局面。

学校教学水平的提升、教学高质量的发展需要从学校实际出发，充分考虑学校实际，挖掘学校内部的各种潜力，充分激活学校的资源，彻底释放学校的生命活力。学校发展的主体力量是教师，他们拥有真正的发言权，因此，要充分发挥教师的主观能动性，真正相信教师的创造潜能。虽然校本研修也必须有专业研究人员的深度参与，但这种参与不是居高临下的把控，而是形成生态型发展共同体，在这个共同体中，专业研究人员为教师提供服务和支持。校本研修一个重要的标志就是看研

第五章 校本研修
——乡村教师专业发展的远行之力

主体是不是教师,终极目标指向是不是学生,其根本目的不是传授给教师固有的研究方法和成果,而是唤醒教师的自我意识,激活教师的内在驱力,增强教师的发展信心,促使教师在教育教学中找到成长的路径,获得生命的升华。

校本研修的教师主体观意味着教师不仅是实践者,而且是研究者,教师在教育教学过程中要以研究者的心态置身于真实的教学情境中,将研究与实践融为一体,以研究的眼光审视教育教学中的各种问题,反思自己的教学行为,总结经验和教训,形成规律性的教育认知。校本研修从根本上改变了教师自身的工作、生活和学习方式,使教师在以自我成长为核心的研究中深刻地理解自己教育行为的社会价值,不断诠释个人职业生命的生动意义。校本研修主体的明晰还推动着各级教研管理部门工作方式和功能的改变,力求使教研活动对学校发展和教师成长产生持久的拉力,使学校和教师产生联动张力,使教研机制和模式适应学校教育教学发展的差异化需求。在开展形式多样的教研活动中,学校要与教师建立平等、互鉴、对话、包容的伙伴关系,构筑新的教研文化,教研员要尊重教师的创造性劳动,注重教学潜能的开发,善于发现教师的优点和长处,为教师积极性、主动性和创造性的发挥创造条件,使教师从共性化课程的规范者变为个性化课程的催生者。

(三)学生发展:从教师视角的"教"走向学生立场的"学"

如果没有以学生发展为中心的立场,素养培育、立德树人便难以实现。校本研修的根本价值就是以学生学习效果为评价标准,关注学生需求的差异,促进学生主动、全面、充分发展,最终指向学生学习质量的真正提升。它不仅关注研修内容和形式的变化,更重要的是关注教育教学改革中学生的变化,强调以学定教,回归教育本质,避免陷入教师自我展示的误区。通过校本研修，教师可以相互学习，为彼此赋能，共同分享教育教学经验，并解决教学过程中的学生素养发展问题。

校本研修聚焦教育教学中的真实问题，为学生的成长提供精准支持。校本研修强调问题导向，而这些问题就是围绕学生的学习产生的，研修的主题应顺应学生的发展需求，教师通过观察、访谈、数据分析等方式，发现学生在学习中遇到的真实困难，并确定针对性的解决方案。例如：怎样提升学生的表达与交流能力？如何指导学生借助图形发现运算规律？如何设计小学一年级的非书面作业？这些研修主题都是针对学生的学习进行选择的，研修的过程和成果都指向学生的进步和发展。课堂观察与数据分析是教师校本研修的重要方法，也是课堂教学改进的重要手段。通过课堂观察，可以详细记录学生的学习行为，如学生学习的参与度、专注度、主动性、体验感、学习质量等，并基于数据分析进行教学反思和改进。例如，通过观察发现学生在小组合作学习中参与度不均衡的问题，教师可优化分组策略、重构学习任务或进行个别疏解。

校本研修注重课程改革理念的深度学习和有效落地，在课程实施过程中聚焦学生核心素养的培育。例如：在确定指向核心素养的教学目标方面，要注重建立教学内容与核心素养表现的关联。例如：在确定小学数学阶段"数与运算"主题的教学目标时，教师要关注学生符号意识、数感、量感、运算能力等的形成；在确定小学语文课程教学目标时，教师要充分认识到语文课程的工具性与人文性是统一的，从培养学生核心素养的角度出发，把握识字与写字、阅读与鉴赏、表达与交流、梳理与探究四个方面交融的特点，设定的教学目标既有所侧重，又融为一体。在规划教学内容方面，教师不仅要整体把握教学内容之间的关联，还要把握教学内容主线与相应核心素养发展之间的关联。例如：对小学数学中的"数与运算"主题，在理解整数、小数、分数意义的同时，理解整数、小数、分数基于计数单位表达的一致性；在图形与几何领域的"图

第五章 校本研修
——乡村教师专业发展的远行之力

形的认识与测量"主题中,第一学段的要求是,使学生在对立体图形和平面图形的认识过程中,通过直观辨认和感知形成初步的空间观念。再如:小学语文学习内容要体现学习任务群的特点,教师要明确学习任务群的定位和功能,准确理解每个学习任务群的学习内容和教学提示,根据学生的需求提供学习支持,引导学生在完成任务、解决问题的过程中积累语文学习经验,发展未来学习和生活所需要的基本素养。教学内容的选取要注意减轻学生学习负担,避免学生死记硬背、机械训练,注意幼小衔接,减缓坡度,降低难度,增强学生学习的趣味性和吸引力。

校本研修直接作用于教师的专业能力提升,根本指向是优化课堂教学,提高学生的学习质量。教师要根据不同的学习任务和学习对象,选择合适的教学方式或多种方式的组合,组织开展教学活动。改变单一的讲授式教学方式,注重启发式、探究式、参与式、互动式变革,探索大单元教学,积极开展跨学科学习、主题式学习和项目式学习等综合性教学活动。通过丰富的教学方式,满足学生的多样化需求,促使学生在实践、探究、体验、反思、合作、交流等学习过程中感悟基本思想,积累基本活动经验,发挥每一种教学方式的育人价值,促进学生核心素养的发展。例如:在义务教育阶段语文教学中,要密切关注互联网时代语文生活的变化,探索语文教与学方式的变革;充分利用网络平台和信息技术工具,支持学生开展自主、合作、探究性学习,为学生进行个性化、创造性学习提供条件;积极关注教学流程、教学方法、资源支持、学习评估等方面的新变化,探索线上线下相结合的混合式语文教学;积极利用网络资源平台拓展学习空间,丰富学习资源,为学生提供多层面、多角度阅读、表达和交流的机会,促进师生在语文学习中多元互动。

在校本研修过程中,教师要加强学生实践力培养方面的研究和实践应用,教学内容的选择和教学方法的运用要以解决生活中的实际问题为重点,以真实的问题为载体,通过综合运用跨学科知识与方法解决真实问题，着力培养学生的创新意识、实践能力、社会担当等综合品质。要学会创设真实而富有意义的学习情境，凸显学科学习的实践性。例如，语文学习情境源于生活中语言文字运用的真实需要，服务于解决现实生活中的真实问题。创设学习情境时，应建立语文学习、社会生活和学生经验之间的关联，使其符合学生的认知水平，应整合关键的语文知识和语文能力，体现运用语文解决典型问题的过程和方法。创设学习情境时，教师应利用广泛的语文学习资源与实践机会，引导学生关注家庭生活、校园生活、社会生活等相关经验，增强学生在各种场合学语文、用语文的意识；建设开放的语文学习空间，激发学生探究问题、解决问题的兴趣和热情，引导学生在多样的日常生活场景和社会实践中学习运用语言文字。

校本研修是连接教师成长与学生发展的桥梁，通过聚焦学生真实问题、优化教学实践、开发校本课程等方式，可以构建以学生为中心的教育生态，让学生获得更优质的资源与支持，在个性化教学中实现潜能最大化，在多样化的学习活动中发展核心素养，实现"让每一名学生都能获得适合的教育"的理想目标。

二 路径依循：源于实践，寓于实践，归于实践

校本研修作为一种以学校为基地、以教师为主体的专业发展模式，其具有的典型特征，如立足学校实际、服务学校发展的校本化，聚焦真实问题、强调行动研究的问题性，尊重教师主体、强调教师发展的自主性，强调团队合作、注重共同体构建的协同性，注重长期规划、强调教学改进的持续性，形式灵活、体现资源整合的创新性，推动成果转化、

第五章 校本研修
——乡村教师专业发展的远行之力

强调教研文化建设的应用性等，深刻影响着校本研修的路径走向——从实践中来，在实践中行，到实践中去。

（一）校本研修的关键环节及路径指向

1. 关键步骤

校本研修是一个系统化、动态化的教师专业发展活动过程。校本研修既然带有研究性质，就不同于一般性的教育教学实践，它需要借助一定的步骤、方法来实现研修的目标，通常包括需求分析、计划制订、组织实施、反思改进等关键环节。

一是校本研修的需求分析阶段。首先是明确校本研修目标，如提升教师教学设计能力、提升教师课堂提问能力、提升学生自主探究能力、推动学校特色课程建设等。其次是调研教师的实际需求，通过问卷、访谈、课堂观察等方式，全面细致地了解教师在教育教学实践中的困惑与需求，如跨学科主题教学的设计、项目式学习方案的制订、家校协同育人有效途径的选择、学生心理问题的及时发现与疏解等。再次是系统掌握并深入分析学生的发展需求，结合学生的学业表现、行为特点、思想状况，明确学生在发展中存在的关键问题，如学生自主学习能力薄弱、在课堂上表现沉闷、阅读并获取信息的能力较差等。最后是基于教师与学生的需求，确定具体的研修主题，如学科教研组有效集体备课研究、学生阅读能力提升研究、小学数学生活化情境创设研究、小学语文实践类作业设计研究等。

二是校本研修的计划制订阶段。首先是制订翔实的研修计划，包括目标、内容、形式、时间安排、人员、资源支持（如专家指导、经费保障、设施配备）等方面。其次是根据主题与目标，选择合适的研修方法，如行动研究、课例研究、集体备课、名师工作室研修等。最后是分配任务与明确职责，确立研修活动中各参与者的角色与义务，如有的负责组织协调，有的负责观摩课教学，有的负责资料归纳整理，有的负责研究报告撰写。

三是校本研修的组织实施阶段。首先是深化理论学习，不断提升教育理论素养，通过专家讲座、研读理论著作、在线学习等方式，为开展研究做好充分的理论积淀。其次是深耕教育实践，将有关教育教学理论应用到实践中，在实践探索中找寻解决问题的思路与对策。再次是开展协作研讨，促进教师之间的经验交流与协同反思，如举办主题沙龙、成长论坛、开展头脑风暴活动、组织说课评课等。最后是将研修过程中的实践经验和心得体会进行提炼总结，生成可见、可用的研修成果，如行动研究报告、教学典型课例、教育教学叙事、教育教学案例、校本课程建设等。

四是校本研修的反思改进阶段。首先是研修成效评估，通过课堂观察、学生评价、教师自评、专业评估等方式，对校本研修成效进行评估验证。其次是对研修过程和成果进行反思总结，提炼经验，弥补不足，以便进一步提升研修水平和效果。最后是根据研修评估结果调整研修方案，针对未解决的问题制订新的研修策略，进行新一轮螺旋上升式校本研修，以便对教学行为进行持续改进。

2. 路径指向

一是研究对象的具体与生动性。研究的对象是教师自身的教育教学实践，是研究者根据课程目标，结合学校、个人和教育发展实际状况选择和确定的微型研究课题。研究对象的具体化、生动性，能够激发教师参与研究的兴趣和热情，这也是校本研修有效实施的基本前提。二是研究方法的综合与灵活性。研修过程中需要多种方法的综合运用，如观察法、访谈法、调查法、个案法等，研究者可以根据研究对象、研究内容、研究目标，灵活地选择和确定研究方法，不强求方法的唯一性或一

第五章　校本研修
—— 乡村教师专业发展的远行之力

成不变。三是研究过程的真实与有效性。校本研修强调过程真实，要如实地记录和描述研究过程中的点点滴滴，通过教学日记、教育叙事、教学案例等形式将教师本人和学生的发展历程完整地记录下来，并进行适度描述与解读。同时，要进行适时、适量、适宜的反思，这种反思不能是一般意义上的简单回顾，而是要以研究者的眼光进行审视、分析，并能及时总结研究成果。四是研究结论的应用与创新性。校本研修的价值取向是寻求解决学校、教师、学生发展过程中存在的问题的方法和途径，促进教师专业能力的提升、教学实践的改善、学生核心素养的培育，这些方法、路径和结论要具有一定的新颖性或创新性。校本研修的创新不一定要是原创或首创的，而应是重在学校范围内的创新、个人成长的创新，重在促进研究的不断进步和优化。

（二）校本研修的方式选择及行动研究

1. 校本研修的方式

方式的选择是保证校本研修目标实现的重要手段，校本研修的方式应注重实践性、参与性和协作性。以下是几种常见的校本研修方式及其具体实施策略。

（1）围绕课例开展校本研修。以具体的课堂教学实例为载体，通过个人设计、集体研讨、课前说课、课堂教学、课堂观察、评课反思、同课再构等环节，深入分析教学问题，并进行持续改进。课例研修包括教师的观摩课、示范课、同课异构、同课再构、异课同构等多种课堂教学形式。不论哪一种形式的课例研修，都是聚焦于真实的课堂，并且，通过课例研修，可以促进理论与实践的有机融合，实现课堂教学品质的提高。其中，同课异构可以通过不同教师之间的课例对比分析，激发教师的创新思维，拓宽教学视野，不断优化教学策略，形成个性化的教学特色。异课同构是指通过对同一位教师不同内容的课堂教学进行连续性对比分析，产生对课堂教学的规律性认识。

课例研修中的课堂观察与诊断是非常重要的环节，具有数据驱动、科学精准的特点，直接关系到课堂教学的价值判断和改进方向。科学的课堂观察需要确定观察的视角（教师教学行为、学生学习行为等），设计观察工具（观察量表、录像分析、学生反馈问卷等），进行观察并记录数据、分析数据，提出改进建议，跟踪改进效果。

（2）围绕团队开展研修。团队协作式的校本研修是一种通过集体备课、教研组主题活动、名师工作室等形式开展的以团队建设促进个体成长的研修范式。集体备课强调的是以团体的形式共同设计教学方案，集思广益，分享教学经验与资源，主要实施步骤有：确定备课主题、分工收集资料、设计教学环节、集体讨论、整合优化教学方案。教研组主题活动是指以学科教研组为单位，以解决明晰的教学问题为主旨而开展的研讨活动，主要形式有教学沙龙、专题研讨、经验分享等。在此过程中，学科教师协同合作，可以形成和谐的教研文化氛围。名师工作室是以优秀教师为核心，带领青年教师开展教学研究与实践活动，旨在通过团队合作、资源共享、教学研究等方式提升教师专业水平、推动教学改革的一种专业发展平台。通过名师工作室的建设，可以发挥名师引领作用，促进教师梯队成长。主要实施步骤有：明确工作室研修方向、制订研修计划、开展教学示范和课堂研究、总结成果并推广。

（3）围绕校本课程开展研修。校本课程是指为了解决学校自己的教育教学问题，依据学校自身综合条件，由学校或校内外合作开发出的特色课程体系。校本课程开发是基于学校资源和学生个性化需求所进行的特色课程建设活动，是凸显学校自主办学和特色办学亮点的重要手段，也是提升教师专业发展水平的有力支撑。校本课程开发赋予了教师较大的自主权，为教师提供了发挥创造力的空间和大显身手的机会。校本课

第五章 校本研修
—— 乡村教师专业发展的远行之力

程开发的基本步骤是:调研学生学习兴趣与学校资源状况、设计课程目标、构建课程内容、实施课程、收集各方反馈意见、优化重构课程内容。

校本研修的方式多样,关键在于根据学校实际需求与教师特点进行灵活选择与组合。无论是基于课堂的课例研究还是基于研究的行动研究,其核心目标都是通过实践反思与协作创新,提升教师专业能力,最终促进学生全面发展。不论哪一种方式的校本研修,现代信息技术都是重要的支撑平台,网络研修打破了教师研修的时空限制,充分利用了丰富的教学资源,如利用网络平台开展的观摩名师课例、在线研讨,以及先自主学习理论知识,再集中进行研讨与实践的翻转研修等。

2. 在行动中研究,在研究中行动

行动研究是在真实情境中开展并将研究成果应用于教育教学实践的一种研究与行动有机整合的工作方式,是为改进教育教学而对实践中存在的问题进行在场探究的过程,是以理论与实践双向互动、推进实践问题有效解决为基本特征的应用性研究。行动研究是为了行动的研究、基于行动者的研究,它可以将研究校本化、区域化甚至是本职化和日常化,使一线教师深刻体悟到研究是发生在自己身边的、触手可及的教育思考和行动。

(1) 行动研究的特点

行动研究具有实践性特点,其是以教学实践为导向,以解决教育教学问题为目标,重视研究的价值和实用性,强调研究快速响应现实问题,将结果即时直接应用于实践,而非学术理论的验证或构建。行动研究具有情境性特点,是指针对具体教学情境中遇到的真实问题,量身定制解决方案。研究的情境范围较小,并且由于研究对象的特定性,对行动研究的结果一般不宜做情境推论。行动研究具有参与性的特点,是以一线教师为主体,对自己的实践进行研究,同时,重视研究者的协同参与和深度介入。行动研究具有循环迭代的特点,是遵循"计划—行动—观察—反思"的循环模式,力求进行持续改进和提升,并不断优化解决方案。行动研究具有赋能性特点,是通过研究提升参与者解决问题的能力和水平,并在积极主动解决问题的过程中,促进教师的专业成长和自主发展。

(2) 行动研究的典型步骤

行动研究的典型步骤如下:基于真实场景,提出研究主题;基于研究目标,设计研究方案;基于实践取向,实施研究活动;基于过程分析,开展问题诊断;基于结果导向,引导行为改进;基于新的发现,生成新的问题。这些环节构成了一个"螺旋式"上升的研究闭环,为问题解决进行了"建模"和"找路",这也是以问题为中心、以任务为驱动、以活动为支撑的教师专业成长的响应机制。通过行动研究可以发现真问题,开展真行动,进行真改变,带动真发展。

①确定问题。研究总是从问题开始的,发现问题、提出问题是行动研究的起点,如果没有问题,研究也就没有了开展下去的必要与可能。行动研究所指向的教学问题是教师自己的问题而非他人的问题,是在学校里发生的真实问题而非假想的问题,并且要能进一步把教师个体发现和提出的问题转化为教师群体共同关注和思考的课题。一线教师对自己在教育教学环境中遇到的困难体会最深,也最有发言权,但很多教师又缺乏发现问题的敏锐性、洞察力和提炼问题的能力,往往在遇到教学瓶颈或教学水平停滞不前时,并不能自主确定需要通过行动研究来解决的典型问题或课题。因此,行动研究的问题到底由谁提出并不是最重要的,其可以由教师本人提出,也可以由其他人提出,关键在于其是不是教师在教学实践中存在的并且仅仅依靠教师自己又很难解决的"疑难杂症",是不是教师直接参与研究的以改进教学为目的的问题。

追问是指教师对学生的回答进行有针对性的二度提问,是激发学生

第五章 校本研修
——乡村教师专业发展的远行之力

学习兴趣、启发学生深入思考、拓展学生学习思路、挖掘学生学习潜能的重要手段，好的追问也是一门精彩的教学艺术。在调研中，我们发现很多乡村教师或是在课堂上追问稀缺，或是追问乏术，教师们经过共同探讨，就提出了"基于学生思维发展的小学语文课堂有效追问"的研究课题。

②计划行动。行动研究尽管以形式灵活、针对性强为特点，但作为一种研究途径，尤其是以解决实践问题为指向的校本研究，其同样需要设计的支持，需要制订周详但又有一定弹性的研究方案。行动研究方案的内容包括研究参与者、研究对象、研究目标、研究内容、研究时间、研究方式、研究成果等。

比如，在进行"基于学生思维发展的小学语文课堂有效追问"的行动研究设计时，我们就制订了较为详细的研究方案，主要内容如下。

研究者：乡村小学语文教师、城市小学的语文骨干教师、市县教研室教研员。

研究对象：乡村小学5～6年级小学语文课堂。

研究目标：通过相关研训活动，提升乡村小学语文教师课堂追问能力和水平。

研究内容：小学语文课堂追问的设计、实施及效果。

研究时间：3月10日～6月15日。

研究方式：查阅教学设计，互动听课评课，开展微型论坛讲座，观察学生及作品。

研究成果：教案、课例、反思、叙事、报告。

③实施行动。研究方案的实施过程也就是设计方案的执行过程。行动研究的特性决定了方案的执行是有弹性的，当然，弹性并不意味着随意性。行动研究要重视实际情况的变化，重视参与者的观察和评价，并根据行动研究的需要进行有效的调整。在行动研究过程中，每个参与者

要各司其职、各尽其责,并且能够发挥优势,取长补短,要体现活动价值导向和人文关怀,服务于学生的成长和发展。

比如,在"基于学生思维发展的小学语文课堂有效追问"行动研究的实施过程中,每位成员都是平等的研究主体,参与研究的人员分工明确,任务清晰,活动得当,研究人员进行适当的理论指导,不同的教师同备一节课、同上一节课。本着深度思考、畅所欲言的原则,在同课异构的基础上,参与者提出合理、可行并具有发展性的改进意见,然后持续进行同课再构。每一次的研究活动中,参与者都要写下自己的心得体会和发展建议,形成视角多元的教学主张,正是在这种反复的过程中,每位成员都享受通过研究带来的成长和喜悦。

④观察评估。观察是指研究者根据一定的研究目的、研究提纲或观察量表,依靠自己的感官或辅助工具收集实践资料的一种行为方式,具有目的性、计划性、系统性,是反思和改进的前提与基础。观察是对行动及研究原汁原味的真实记录。观察者一般利用感觉器官去感知观察对象,但由于感觉器官具有一定的局限性,观察者往往要借助各种现代化的仪器和手段,如照相机、录音机、摄像机等来协助观察。在行动研究中的观察应该密切注意各种细节,详细做好观察记录;应尽量从多方面、多角度、多层次进行观察,收集资料,不遗漏偶发事件和关键事件;应加强实践与理论的密切联系,使实践与理论在行动研究中犹如鸟之两翼。

比如,在"基于学生思维发展的小学语文课堂有效追问"行动研究中,每位参与者都是观察者和被观察者,即学生、教师及研究人员既是观察主体,也是观察客体,所观察的实践活动有教学设计、课堂教学、教学反思、研讨发言、微型讲座等。

⑤反思改进。反思是高阶思维,是指对问题和行动过程主动、持

续、深入的思考，是形成解决问题的策略的根本路径。行动研究的反思不是一般意义上的简单回顾，就其实质来看，是内视反听，也是对教育教学实践行为的深刻批判，这是行动研究赖以发展的根基。批判性自我反思是教育行动研究的灵魂，反思能力在很大程度上表现为一种评价能力，没有深刻的评价，就谈不上有价值的成果和行动改进。在行动研究中，反思是贯穿于整个过程始终的，问题之所以提出，设计之所以变成可能，行动之所以能被执行，都必须有反思的介入，这也就是说，有行动前的反思、行动中的反思和行动后的反思。行动后的总结反思的内容包括：对观察到的各种信息进行归纳、整理和描述；对行动过程和结果做出判断，对有关现象和原因做出批判性的分析、评价和解释；对原有方案及实施过程中存在的各种偏差或失误进行重新认识和思考，进一步改进、设计行动方案并付诸实践。

行动研究归根结底是为了解决问题、改进行为、提升质量，注重研究的实用性价值。对经过系列行动后形成的问题解决策略要进行即时应用，并且在实践应用过程中不断进行自我改进、自我革新，而不是止步于一个固定的成果层面上，每一个总结反思都意味着一个新的开端，也就是在这种螺旋式上升的过程中，乡村教师的专业水平才得以进步。

课堂，从"问"中打开

发展学生思维的问

在执教的小学二年级《坐井观天》这节公开课上，我的课堂提问主线就是：（1）小鸟和青蛙在争论什么？（2）它们的说法为什么不一样？你认为谁说得对？（3）学习了这个故事，你懂得了什么道理？（4）如果青蛙跳出井来，它会看到些什么，说些什么呢？学生的回答中，令我印象最深的是学生们对第四个问题的回答。

刘同学:"青蛙跳出井后,看到了无边无际的大海。海浪吓得它急忙向小鸟求救。"

王同学:"青蛙看到了碧绿的荷塘。荷花的清香使青蛙陶醉,青蛙决定在这里定居。"

史同学:"青蛙出去后遇到了很多同伴,有了自己的新朋友。它非常开心,不愿意再回去井底了。"

但也有一个很特别的答案。耿同学说:"青蛙出去以后看到的天空很大,但是环境很差,还没有自己居住的井底环境好,它便转身跳回了井底。"他说完,讲台下一片哗然。

"你的想法让老师感到很惊讶。你已经从环保的角度出发考虑问题了。"接着,我说:"同学们,如果不好好爱护我们身边的环境,坐井观天的青蛙都不愿意出来了,宁愿守着井口中小小的一片天。""是的,我们不能乱扔垃圾,要爱护我们的环境。"李同学说道。这个令人意想不到的答案使学生们意识到环境保护的重要性。

四个问题层层递进,由了解课文内容到理解寓意,再到想象说话,培养了学生的思辨能力与创造能力。

指向语言运用的问

在讲授二年级上册《小蝌蚪找妈妈》这一课时,我结合单元语文要素的积累,运用表示动作的词语和语文园地中有关字词句应用的习题进行教学设计。课堂上,我让学生先读句子,初步感受"迎上去"与"追上去"的不同,然后让学生通过表演加以区分,之后再引导学生结合生活实际说一说。记得班里的小吴是这样说的:"因为放暑假,我很久没见到自己的好朋友了。开学见面时,我很开心地迎上去。而'追上去'

第五章　校本研修
——乡村教师专业发展的远行之力

让我想起了小时候我闹着要买玩具，惹妈妈生气了，妈妈丢下我扭头就走，我一边哭一边追着妈妈跑。"我和学生们都被他的回答逗得哈哈大笑。这样，学生既达成了单元训练目标，又结合生活实际提升了语言文字的应用能力。

培养审美情趣的问

培养学生的审美情趣是语文教学的目标之一。在教学中，要精心设置问题，引导学生在语文活动中感受祖国语言文字独特的美，并表达出自己的审美体验，从而提升学生的审美情趣。

例如，在三年级上册《大自然的声音》这一课的教学中，学习第二自然段时，我引导学生感知风声的"美妙"。"音乐家风正在森林里演奏它的手风琴呢！"我问："风经过森林为什么会发出声音，你知道吗？"有学生回答："森林中的声音是因为风吹动树叶而发出来的。"

"你们知道风吹动树叶时会发出怎样美妙的声音吗？""现在你觉得声音的奇妙美好在哪里？""第四句中有四个'不一样'：'不一样的树叶，有不一样的声音；不一样的季节，有不一样的音乐。'"随后，我让学生们当小树，请他们告诉老师自己是什么树，会发出什么样的声音。

师："请问你是一棵什么树？"
生："我是一棵梧桐树。"
师："那你会发出什么声音？或者你会唱什么歌？"
生："哗哗——哗哗——我的树叶比较大。"
师："哦，你让我想起了那句'梧桐树叶像手掌'。你的歌声真是美妙啊！"

（教师继续采访。）

师:"这位同学,请问你是一棵什么树?"

生:"我是一棵香樟树,我会'沙沙——沙沙沙——'地唱歌。"

师:"你的歌声真动听!"

师:"大家说,这样的风声是不是很美妙?"

生:"是。""当然是。"

学生对风声的"美妙"一定有了深入的感知。我请学生们带着自己的想象一起朗读了一遍课文。

第五句中,写到了微风和狂风的区别,我请大家找出描写微风和狂风的词语,理解狂风带给人的感受与微风很不相同。我问学生:"我们应该怎么读出狂风和微风的不同呢?"小王举手回答:"读微风时要轻柔一些,要有那种呢喃细语的感觉。读狂风时就要有力量一些。""好,那么请你给自己找一位搭档,你们分别读一下微风和狂风。"(在课件中将"微风"和"狂风"两个词语以两种颜色进行区分)随后男女学生分角色朗读。学了本课之后,我问大家:"森林里的风声让你有什么感受?"学生回答:"森林里的风声有很多种,微风的声音温柔,狂风让人感觉威力无比。"微风、狂风奏起了美妙的乐章,真是让人感受到了大自然的力量。

学生从最开始的寻找关键词"美妙",到在文中进行勾画,再到通过各种方式进行朗读、体会文章意境,直至借助PPT、学习单等练习背诵,不断地体会声音的美妙。学生从最开始的感知到最后的熟记,对"美妙"这个词的理解有了螺旋式的上升。在这个教学环节中,关键词反复出现,它是学生学习的起点,是背诵的支架,也是后续学习的框架。在品味风的美妙、体悟精妙语言的美感的过程中,学生的审美情趣得以提升。

第五章　校本研修
——乡村教师专业发展的远行之力

指向传承文化的问

语言文字是文化的载体，又是文化的重要组成部分；学习语言文字的过程也是文化获得的过程。在语文教学中，创设情境，引导学生继承和弘扬中华传统文化、增强文化自信，是语文教师义不容辞的责任。

在上四年级上册《西门豹治邺》一节课时，我先用说书的方式导入，揭示课题，带着孩子们一起挖掘课题中"豹"字的秘密。

我首先利用课件展示"豹"字的演变过程，问学生："从'豹'字的演变过程中，你们能猜出它的意思吗？"我先让学生自由地说一说，随后告诉学生"豹"的左边是一个"豸"字，其是古人对虫子的统称。"把它横过来看，它就像一个猛兽，分别是头、光滑的脊背和四肢。有个词叫'虫豸'，古人把猛兽称为'虫'。《水浒传》中把老虎称为什么？"有学生回答："大虫！因为它'大'呀！"接着，我让学生猜："'蛇'又叫什么呢？"又有一位学生回答："长虫！老师，我奶奶就喊蛇为'长虫'！"说罢，还特意用我们的方言重复了一遍。"没想到汉字竟然这么有意思。"学生饶有兴趣地观察图画，发表见解，感受古人造字的巧妙之处，从而对学习汉字产生了浓厚兴趣。

课程从"问"中开启，我也从"问"中与孩子们共同成长！

（案例创作：董庄小学　李金瑾）

（三）校本研修成果的多元化表达

成果的表达是校本研修的一个重要环节，它不是游离于研修之外的单纯写作，而是研究者对研究的全面总结，是对研究结果的评价，是在研究反思基础上的作品呈现。研修成果应该多一些"争鸣"，而不是全部"共鸣";多一些对实践行为的评判,而不是仅仅对自身行为的说明;多一些自我审视式的批评,而不是单纯的教育成果展示。校本研修成果表达需要真实反映研修过程,避免"为写而写"或过度包装的形式化倾向;应包含反思与后续计划,体现研修的动态性,注重持续改进;要兼顾个体与团体,既要体现教师个体的成长,也要体现教研组或学校层面的整体提升。

校本研修成果的主要表现形式有教学课例、教学案例、教育叙事、研究日志、行动报告、校本课程建设等。教学课例由课堂教学的设计、实录及反思构成,是原生态课堂教学的真实呈现,也是加工教学案例的原始素材。教学案例是包含问题和疑难情境在内的典型教学事件,行动研究中的教学案例的内容还要包括研究者在研究过程中的思考、解决问题的方法以及问题解决的程度。教学案例既可以由教师自己撰写,也可以由研究人员与教师共同撰写。教学案例的基本格式是"主题+背景+问题细节+问题解决+分析与思考"。一则好的教学案例是一个生动、真实的教学故事加上精彩的点评,具有真实性、问题性、典型性、启发性的特征。以下是傅老师提供的典型教学案例,该案例围绕小学一年级《道德与法治》上册中第二单元第6课"拉拉手,交朋友"这一活动主题教学而生成,案例的主题是"关注学生全面发展 增强道德教育的实效性"。

教学片段1:

镜头一:教师带了一大袋小红花到学校,上课时,奖励给表现好的小朋友。开始时这个方法还很奏效,学生们一个个表现得非常踊跃,争先恐后地回答问题。

师:"你能说说你的好朋友的特点吗?"

生1:"我知道我的好朋友小刘爱吃巧克力。"

第五章 校本研修
——乡村教师专业发展的远行之力

师:"说得真不错,奖给你一朵小红花。"

生2:"我的好朋友小郭爱吃桃子。"

师:"观察得真仔细,也送你一朵小红花。"

生3:"我的好朋友小林爱吃苹果。"

……

就这样,随着一朵朵红花挂在胸前,孩子们的小手不再举起来了,而是低头抚弄奖品,有的还得意地向同伴扮鬼脸。有些没有得到红花的学生则羡慕地伸手去摸别人胸前的红花,已无心听老师和同学讲话。

镜头二:在引导学生认识什么样的人是好朋友后,教师开始组织传卡片的游戏,让学生说一说谁是自己的好朋友,他们是怎样成为好朋友的。

生1:"我的朋友叫小冉,我们常在一起玩弹子。"

师:"你说得真好。"

生2:"我的好朋友叫小胡,我们经常一起上学。"

师:"你说得真好。"

生3:"我有一个好朋友叫小侯,她喜欢读故事书,还给我讲故事。"

师(竖大拇指):"你真棒!来,大家一起鼓励他。"(生齐拍手三下,齐喊"棒,棒,你真棒!",并向该生竖起大拇指)

生4:"我的好朋友是小陶,他喜欢打乒乓球,我也喜欢打乒乓球。"

师(又一次竖起大拇指):"你真棒,来,大家一起鼓励他。"(教室里再次响起掌声)

教学片段2:

镜头一:

生1:"我的好朋友是帅帅,我们都喜欢打电子游戏。"

师："噢，你们俩都有这样的爱好呀。那老师想问问你们，你们都是在什么时候打电子游戏的？"

生（抢着说）："我们每次都是星期六下午在他家的电脑上玩，其他时间不打。谁要违反规则了，就让家长打屁股。"

师："你们小小年纪就知道互相监督，还那么有自制力，真是一对好朋友。来，把帅帅请上来，老师跟你们握握手。老师也希望能和你们这样有自制力的孩子成为好朋友。"

镜头二：

主题活动结束时，请学生为自己的好朋友制作"闪光卡"并亲自赠送给他们（可以参照成长记录册中的内容），然后告诉学生以后每交一个新朋友都要送出一张"闪光卡"，学期结束时，老师会根据学生收到的"闪光卡"的数量，评出"快乐之星"。

［反思一］发展性评价——德育实效性发挥的关键。在道德与法治课程中对学生进行发展性评价，要以促进学生的全面发展、培养其良好的道德品质为根本目的。在课程实施过程中，我们发现，在"以人为本"思想的指导下，教师做到了对学生个体的关注，尊重学生的个体差异，引导学生进行自我认识、自我反思、自我教育。但我们也会看到教学片段1中的现象，即在评价时出现了倾向性问题。

一是鼓励方法的泛化。教学片段1中的教师试图用奖品和鼓励性的语言来调动学生的学习积极性，但奖品的滥用和鼓励性语言的单一，致使学生的思想认识不能够跟着教学走，受到表扬的学生感到兴奋，答错的感到难过，教学评价成为一种功利性非常明显的物质诱惑。学生注重的往往只是教师的奖品和鼓励，而不是发自内心的一种情感体验，其回答有时甚至脱离了生活实际，人云亦云，虽然看起来课堂上热热闹闹，师生共同参与，学生却很难在教师创设的情境中提升对生活的体验。

第五章 校本研修
——乡村教师专业发展的远行之力

从教学片段 1 中还可以发现,教师的评价语言很简单,除了"真好""你真棒",似乎就没有别的了,对于学生说的到底好在哪里,学生的认识正确在何处,则很难说清楚,所以,学生也只有跟着应和。

二是发挥主体性的泛化。一些教师在教学中过分注重尊重学生的体验,从而导致教学评价没有切实起到使学生得到提升的作用。教师的评价只是简单的肯定话语或否定话语,如教学片段 1 中"说得真不错""你说得真好"等,却极少有具体的评价与引导。尊重学生的独特体验没错,但也应该考虑学生的这种体验是不是发自内心的、不带有功利性的。如果能恰当地引导学生从多方面考虑朋友的特点,如把"你说得真好"变为"你很了解你的朋友,再想想他其他方面的特点,你肯定比别人更了解他",这种评价无疑更能激发学生自我挑战的勇气,能让学生真正认识到,因为有了解,才有关心,有了了解,才会有友谊的开始,才会有与朋友交往的快乐,等等。这样其体验才会更深刻、更独特。这比那些简单地回应学生的回答的方式更能体现尊重并理解学生。

教学片段 2 中的教师则更善于处理教师主导与学生主体之间的辩证关系,更注意从细节中发现学生道德品质中的闪光点。"老师也希望能和你们这样有自制力的孩子成为好朋友",这种发自内心的评价,促进了学生情感态度和价值观的形成。"多了一把尺子就多了一批好学生",教师和学生紧握在一起的手是对学生价值取向最好的引导。

〔反思二〕形成性评价——德育实效性的提升。形成性评价又称为过程评价,这种评价方式既重视学生的现在,也考虑学生的过去,更着眼于学生的未来,以促使学生反思以往的生活经历,梳理自己的生活经验,提升在生活中发展、在发展中生活的能力。

因此,要实现评价促进发展的功能,评价方法必须多样化。除了教学片段 2 中提到的行为记录(制作"闪光卡")、成长记录(收集"闪光卡"和好朋友的照片)、情感日记("闪光卡"上朋友的评价),还有行为观察、互评、量化、评比等多种方法。教学片段2中,教师要求学生围绕主题收集好朋友的材料,对自己和朋友的相处过程进行回顾、总结,这个过程既提高了学生的主体地位,对学生的情感、态度和价值观等方面的发展做了比较客观的评价,又把评价变成了学生主动参与、自我反思、自我教育、自主育德的过程。教师还可以组织学生互评,让学生学会发现他人的优点,用欣赏的眼光看待别人,学会鼓励,学会接纳。

根据低年级学生好胜心强、爱表现、喜欢受到关注等特点,还可以采用纵向评价的方法,强调让学生进行对个体过去与现在的比较,使学生看到自己的进步与成长,感受成功的愉悦。

形成性评价的优势在于重视学生发展的全过程,能记录学生的成长历程,为学生提供学习和发展的证据,全方位反映学生的道德全貌,促进学生的差异性发展,使学生体验成功、体验成长。但它也存在一定的局限性,例如:工作量大,教师负担过重;学生在认知水平低下的情况下,有时很难达到理想的教学效果;等等。因此,如何在课程改革过程中形成和道德与法治课程相匹配的完美的评价体系,还需要在教学实践中不断去摸索。

教育叙事是指行动研究者本人叙述自己在教育研究过程中经历的一系列教育事件的活动。教育叙事是讲述一个已经发生或正在发生的教育事件,而不是对未来的展望,叙述的事件应具有情节性。教育叙事不是记流水账,而是在夹叙夹议的过程中叙述教师在教育教学过程中遇到困难时,进行思考、行动直至走出困境的过程。教育叙事采用的是归纳而不是演绎的方式,教育的信念或理论是从具体的教育事件及其情节中归纳出来的,能够显示"扎根理论"的特征,教育叙事突出研究者对教育

第五章 校本研修
—— 乡村教师专业发展的远行之力

问题的深刻理解和阐释,揭示看似平凡的故事背后蕴藏的不凡的教育智慧。教育叙事的基本步骤是:选择典型教学事件,详细记录事件过程,分析事件背后的教育意义,形成叙事文本并分享。例如:吴寨小学的史老师围绕"我的小学数学教学观"进行了质朴而又很有思考性的叙事。

我于2002年毕业于师范学校,已在乡村小学工作20年,现教一年级数学。本节课的教学内容是"数位的认识",教学目标是认识两位数的数位,并会说数位上的数字所表示的意义。上课伊始,我没有进行开门见山式的直白教学:出示一个10,就在计数器的十位上拨1,出示几个1,就在个位上拨几,然后完全脱离计数器,抽象出"个位"和"十位"的概念。我的做法如下。我先出示计数器,拨一拨,让学生读出计数器上表示的数,学生很容易就读出来了。接着,我以"22"作为切入点,提出问题"这个数中的两个2代表的意思相同吗?",引发学生思考。然后,我利用课本上的小棒图,引导学生分析数的组成,初步理解位置不同、意义不同的位感。之后,我将直观理解与抽象理解结合,利用计数器进行过渡,顺势拨出22,让孩子对数字与计数器上的珠子产生对应联系和理解,再出示不标注数位的计数器,引导学生产生"停车有车位,上课有座位,写数有数位,位置不同,意义不同"的认识,进而引出"数位"的概念。紧接着,我借助起名的环节,引出个位、十位的学科术语,完成对个位、十位的标注,向学生强调从右边起第一位是个位,第二位是十位,又借助计数器,逐步启发学生理解数位上的数字表示的含义,并能说出个位是几就表示几个1,十位是几就表示几个10。最后,通过课堂练一练环节,巩固提升学生用不同形式表示两位数的能力。这节课的教学完成之后,我心里很不踏实,总觉得学生的理解不够深入,并发现个别学生甚至根本没形成数位的位感,教学预期与教学实效出现了较大的偏差。作为一名乡村小学教师,我平时阅历不够深，总觉得自己知识有限。时代在进步，学生也需要拓宽视野，我今后要加强学习，用知识武装自己，提升自身的专业素养，把先进的教学理念带入乡村小学的课堂；在课堂上，尽量营造愉悦的氛围，引导学生乐学，耐心多听学生说，鼓励学生，让学生敢说，课下及时了解他们的课堂感受，真正把课堂还给学生；对于低年级的学生，培养他们良好的学习习惯和端正的学习态度十分重要，不能急于向他们要成绩、要分数。相信每个孩子都是待开的花朵，只是他们的花期不同，我们静待花开！

三 体系支持：构建多元开放的校本研修联动体

校本研修不等同于师本研修，它不是依靠个人的力量就可以完全做到的，而是需要借助团队的资源和协作，它摆脱了教师专业成长过程中单兵作战的困境。

（一）校本研修由三种力量整体驱动

校本研修涉及不同类别的个体——教师个人、教师集体、专业人员，这也是校本研修中不可或缺的三种力量，这三种力量分别发挥着各自的作用。教师自我反思是校本研修的逻辑起点和前提条件，是理想自我和现实自我心灵沟通的过程，但如果教师缺乏横向交流，可能会使自己处在孤芳自赏或孤立无援的境地，如果只是进行同一层次的横向交流，而没有专家或优秀教师等高层次专业人士的纵向引领，也容易产生同温层效应，可能导致横向交流处于原地转圈的局面。因此，自我反思、同伴互助、专家引领三者相互协同、相辅相成，构成了校本研修的

第五章　校本研修
——乡村教师专业发展的远行之力

整体驱动力。

自我反思是一个思考、反省、探索的过程，是一种研究、一种品格、一种智慧，更是一种修养，在反思中，教师可以主动发现问题，并积极寻求解决问题的策略。反思观念和能力的欠缺是很多乡村教师专业化水平提升的重要羁绊，容易使他们产生专业发展的路径依赖，主要表现在以下方面。第一，反思行为缺失或者反思方式单调。当教育教学中出现疑难问题或教师专业发展停滞不前时，很多乡村教师的第一反应就是一味地从暂时或一段时期内并不能从根本上改变的现实困境中寻找原因，而不是深刻反思自身在专业发展方面有什么问题可以解决，从而导致反思行为的缺失或不足。反思方式简单化和形式化也是制约乡村教师专业发展的重要因素。许多教师的课后反思并没有全面、系统地反映反思的根本属性，实际上，反思是无处不在、无时不有的，可以是课堂前设计完善式的反思、课堂中即兴修正式的反思、上课后实录剖析式的反思，也可以是评课后诊断开方式的反思，还可以是听课后比照鉴别式的反思。第二，反思深度与实践转化能力有待加强。有效的教学反思应立足问题诊断，聚焦改进策略，但部分乡村教师在反思过程中在以下三个方面还有提升空间：一是反思的针对性，部分教师对自身教学问题的剖析尚停留在现象层面，因此需提高系统归因能力；二是反思的方法性，部分教师对反思工具和路径的掌握仍需专业支持；三是反思的实践性，需进一步强化"反思—改进"闭环机制建设。这既需要教师个体提高反思的自觉性，也需要学校等方面构建具有支持性的校本研修环境。

反思成果的实践转化需要机制保障。教学反思的本质价值在于推动行为改进，当前需重点关注两个维度的衔接：一是理论认知与行动调整的衔接，避免反思成果仅停留在文本层面；二是短期改进与长效发展的衔接，应建立持续跟进的反思支持系统。优化校本研修设计，将反思活动融入真实的教学情境，可有效促进教师专业成长的知行合一。

同伴互助是校本研修的标志和灵魂，是身边团队横向支持与集体智慧彰显的过程。学校成功的内在驱动力就在于能建立一个高水平的教学研究集体，确切地说，就是由教师通力合作形成的支持教学实践的文化氛围与协作机制，有了这样的氛围和机制，才能形成推动教育前行的力量。同伴互助的基本形式有对话、协作和帮助。对话有不同层次的划分，较低层次的对话主要是信息交流和经验共享，深度的对话主要有专业会谈和专题讨论。协作是指教师共同承担任务，强调团队合作精神。帮助是指发挥具有较高教学和研究水平的骨干教师的积极指导和推动作用。

校本研修的同伴互助要素其实就是影响乡村教师专业发展的群体"生态"环境。乡村教师是我国教师队伍中的一个群体，每位乡村教师又以独特的个体的形式存在于不同类型、规模、性质和层级的教师群体中，如区域教师群体、乡村学校教师群体、年级组教师群体、教研组教师群体、备课组教师群体，还有以混合等形式存在的各种学习型教师群体。每个群体就是一个平台，就是一个场域，就是一个组织。如果乡村教师个体所在的群体有共同的价值理念、兴趣爱好、目标愿景以及高水平的专业引领，那么，乡村教师就可以获得归属感、安全感、责任感以及关心、支持和帮助，这会对乡村教师专业发展起到有力的助推作用，反之，会对乡村教师的专业发展产生阻碍等消极影响。乡村学校教师不可能是"孤岛"般的存在，群体组织对于个体成长的影响和作用十分明显，但由于乡村学校教育教学环境条件的局限性、群体的辐射力量难以彰显等原因，越来越多的乡村学校有日渐式微之势，师资队伍的数量不足、质量不高，难以形成有效的学科教研组织，一个年级、一个学科只有一位教师任教的现象非常普遍，年级备课组活动更是难以开展。由中

第五章 校本研修
——乡村教师专业发展的远行之力

心学校牵头形成的教研组织往往人员构成不稳定，凝聚力量不够强，研究氛围不浓，整体教研质量亟待提高。由于客观条件的限制和教师自我发展过程中的职业倦怠，一些乡村教师很难得到直接参加并融入高水平教师学习群体的机会，他们很难实现在一个积极向上、竞争合作、创新提升的教师群体中发展自己的目标。如果说内因能够激发乡村教师个人前进的动力，那么群体效应能影响一个乡村教师前行的视界。因此，能否构建一个乡村教师能够参加的工作作风良好、人际关系和谐、修养水平较高、兼容并包、充满合作竞争氛围的教师专业发展群体，直接影响着乡村教师个体成长的心理环境和专业发展道路。

专业引领是行动研究向纵深持续发展的关键，是实践得到升华、理论获得新生的必由之路。专业人员包括教研人员、科研人员和高校教师，他们具有开阔的视野、前沿的理念、扎实的学识，能使校本研修在一定的理论指导下开展，并具有明确的方向引领作用。没有理论高度的校本研修往往只能在较低维度上徘徊或进行低水平重复，容易使校本研修趋向形式化和平庸化。在校本研修过程中，理论的价值不单是指出实践方向，更重要的价值在于给人以智慧的启迪、思维的拓展、理念的更新、精神的熏陶。专业引领的形式多种多样，但现场参与并指导教师是最有效的，也是受到广泛欢迎的。当然，专业人员的引领，要做到到位而不越位、参谋而不代谋、指导而不指令，真正保证校本研修的教师主体性地位不动摇。

在校本研修共同体中，专业研究人员是不可或缺的，其在某种程度上扮演着团队领航者的角色，但专业研究人员的功能定位、价值取向以及施加的影响也不尽相同。教研员是研训资源开发中理论与实践沟通的桥梁。教研员大都来自一线教师，他们被称为"教师中的教师"，在传播教育教学理念、提高教师专业水平、提升教学质量等方面具有不可替代的作用。尽管现在支持、引领、服务中小学教育改革发展的专业机构力量呈现多元化的趋势，但教研员依然是最贴近一线教师、更契合教学改革实践需求的一支专业队伍，这也是由教研工作的服务学校教育教学、服务教师专业成长、服务学生全面发展、服务教育管理决策等主要任务所决定的。

在教育教学改革进程中，如何促进教育理论与教学实践的深度融合是一个值得持续关注的议题。当前在以下两个方面需要加以优化。

一是实践层面的教研深度有待提升。部分中小学教师虽具有丰富的教学经验，但若仅停留于经验性总结而缺乏系统性反思，可能难以实现教学模式的创新和突破。这就提示教研员需要进一步加强教师的研究素养培养，帮助其从实践中提炼教学智慧。

二是理论研究的实践适切性需要增强。专业研究者的理论成果更贴近基础教育实际，与一线教学形成有效对话，是提升理论指导价值的关键。理想的教研生态应构建理论与实践的双向滋养机制，使学术研究与课堂实践形成良性互动。教育理论与实践之间需要一个上可及"天"、下能着"地"的"枢纽式"角色进行联结，教研员就是这种角色的最佳扮演者，因为站在理论与实践结合点上的教研员，可以在抽象的理论与具体的实践之间搭建有效沟通的桥梁，使看似遥不可及的理论变身为生动的教学实践。教研员通过研究，可以将先进的教育理念转化为教师的具体教学行为，在理论与实践沟通的过程中深化和丰富教育理论，也就是帮助教师将先进的教育理论转化为课堂教学理念，将课堂教学理念转化为课堂教学行为，将课堂教学行为凝聚成课堂教学智慧。教研员在扎根教学实践的过程中，培育常态化教学的"墩苗田"，并从中发现问题、提出问题、探寻方法，也可以抓点带面，引领发展。

高校资源是校本研修理论加持的重要支点，高校具有强大的专业力量和人才基础，高校教师的理论积淀较为深厚，很多教育教学和课程改革理论发端于高校。高校的学习氛围和育人环境对中小学一线教师依然具有很大的吸引力，对新知识和新理念的渴求和期盼，也使基础教育领域中的教师们渴望重返大学校园，继续接受先进理论学习和教学实践指导。

（二）共同体建构指向下的新校本研修

校本研修是立足于学校的真实教学情境，以改进教学实践、提升课堂教学水平、促进学生核心素养养成为目的的教学研究活动。自我反思、同伴互助、专业引领三个关键要素体现了校本研修以团队为依托的协作性，并且这种协作不单纯发生在学校内部，在基于共享、共生、共赢理念的教师专业发展共同体建构的基础上，校本研修也要进行华丽转身，它需要统筹区域共同体中立足校本的共性和个性问题，整合校际的物化和智力资源，充分利用现代技术手段，进行线上线下、集中分散、内驱外联相结合的专题研修活动，使校本研修实现从机制创新逐渐走向形式、内容和手段的创新。区域共同体指向下的新校本研修具有开放、兼容、流动、异质的特点，可以突破以单个学校为主体的封闭、单一、同质的研究困局，改变传统校本研修中"以校为本"的校内小循环状况，使研修活动外延"出圈"，为乡村教师提供更广阔、更优质的研修平台，也能够有效解决乡村学校，尤其是小规模学校校本研修的资源短缺问题。

新校本研修可以体现区域教育整体协同发展的理念和价值追求，充分调动区域内教师专业发展的多元主体力量，合理开放并利用区域内各种优质教育资源，实现跨校合作、优势互补、资源共享、相得益彰，推动乡村教师专业发展模式的变革与创新。校本研修共同体以校际合作、共创、共享、共赢为基本理念，立足但又有别于传统的校本教研，更注重多元性、开放性、共享性和规模性。为突破各行其是的校本培训局限，促进区域内校际联动、跨校融合，实现区域教师专业规模化发展，新校本研修无疑是一种理性的选择，可以有效解决乡村学校校本研修资源相对匮乏、乡村学校教师专业发展自觉不足等问题。新校本研修也契合了基础教育优质均衡发展的时代诉求，是一种新型区域教育的联结方式，可以将来自不同学校的优质资源进行有机整合，将学校个体优势转变为区域整体优势。

校本研修共同体具有明确的目标、具体的问题、真实的任务和积极的角色，不管来自哪个学校的教师，都是共同体中的平等一员，都可以将教育教学实践中的真实问题、经验做法、策略模式带到相对更大的共同体场域中进行深度交流和研讨，以探索出更有效地推动教师专业发展的途径和方式，进而促进学校一体化的高质量发展。研修共同体不是几所学校间简单的机械组合体，而是打破了校际"围墙"而形成的有机融合体，是滋养乡村教师专业发展的沃土。共同体遵循平等参与、目标一致、任务共担、资源共享、成果共创的发展原则，强调校际的合作、协同、互助、创新，融合学校的办学理念、教学文化、教育资源和课程体系，具有实践性、开放性、包容性、整合性和连续性等特征。

从校本研修共同体的构建模式方面来看，其以教研科研为联结纽带，以学校发展为协同基础，有效整合与共享促进县域内教师专业发展的差异性资源，弥补单个学校中师本研修和校本研修的不足。

以课题为主旨构建乡村教师专业发展研修共同体——提炼问题、协同攻关模式。每个学校在教师专业发展方面，总存在各种各样的个性或共性问题，而单单依靠一个学校尤其是乡村学校，又很难有效解决这些问题，这就需要县域内的学校形成区域共同体，通过提炼出具有典型性

第五章 校本研修
—— 乡村教师专业发展的远行之力

的问题,进行团队协作、协同攻关,形成具有共同理论价值和实践意义的教育教学观点和方略。

以研训为支点构建乡村教师专业发展研修共同体——内引外联、共进共强模式。当下一种常见的研训模式是校级培训,县级及以上各级教育部门组织开展的培训基本上是分级统筹下的集中或分散培训,学员来自各个学校。这种培训模式对学校个性化问题和县域内校际的样本性问题往往观照不充分,常常不易引发参训教师的共情、共鸣和互动。以研训为支点构建的教师专业发展区域共同体,关注更多的是校际"小尺度"范围内借助研训力量促进教师个性化成长的过程。在共享、共生、共赢研训体系支持下构建的区域共同体内,研究可以充分利用内外力量,培训可以针对具象生成,研训是区域共同体建构的支点,共同体是研训落地落实的介质,不同的学校可以在此基础上实现共进共强。

以课例研修为主线构建乡村教师专业发展研修共同体——校际会课、教学互动模式。课例研修是指以课堂教学课例为载体,在教学行动中开展的包括专业理论学习在内的教学研究与培训活动。课堂教学是教师专业发展的永恒主题,也是乡村教师专业成长的经久磨砺,以课例研修为主线的教师专业发展区域共同体的构建过程就是通过区域内教学交流互动,进行校际课堂碰撞的"校际会课,教学互动"模式的建立过程。在共同体中,课例研修是贯穿始终的金线,以课为媒,以研促教,让课发声,充分凸显课堂对区域共同体建构和乡村教师专业发展推动的地位和作用。共同体中课例研修的基本路径是"确定主题—设计方案—课前说课—课堂教学—观课议课—反思改进—同课再构",对每一个研修环节都进行认真打磨,力求做到环环相扣,节节出彩,升级进阶,快速成长。

以交流分享为抓手构建乡村教师专业发展研修共同体——智慧碰

撞、集思广益模式。课堂需要交流,教学需要探讨,思维需要碰撞,在共同体理念支持下,可开展县域内校际或与域外优质学校之间的各种形式的教师"联谊会",校际联谊活动能够为乡村教师搭建线上线下互融互通的相互学习、相互交流、相互借鉴、共同成长的宽广平台。互动交流分享的形式与内容都是多元开放的,例如:开展读书分享会,共同分享读书感悟,相互交流阅读带来的影响和变化;开展主题沙龙活动,围绕感兴趣的共同话题举办自由论坛、成长沙龙,提倡集思广益,百家争鸣,鼓励教师自由表达意见和观点,通过开展"沙龙式"主题鲜明的研讨会,营造雅致愉悦的研讨氛围,加强交流、凝聚智慧、促进发展、增进感情;举办成果分享会,包括聘请专家和名师进行的专题讲座、区域教师教育教学成果分享、课堂教学现场展示等,在成果分享过程中,乡村教师的主体地位突出,专业成长的自我驱动力增强,对核心素养指向下的课堂教学的理解逐步深化;借助网络平台,打破传统交流的时间和空间限制,为互动交流提供更多、更好的机会,使交流分享能够随时随地发生,更加自由畅达。

马艳萍老师通过阅读常生龙老师的著作《读书是教师最好的修行》,紧密结合自己的教育教学实践,二次阐释了读书就是教育修行的真正内涵。以下是马老师在研修共同体中所做的读书分享。

翻到本书的自序部分,作者讲述的两件小事引起了我的共鸣,使我更爱此书。

第一,作者在研究"探究性学习"问题时,总是得不到满意的答案,直到有一天阅读到房龙的系列作品时,顿悟了困扰自己已久的问题。这种感觉和经历我也有过。所以,我更加相信读书不能功利性太强,有时候广泛涉猎书籍后并不能强求对当下的问题有直接帮助或指导,可以使我们的思维发散、行动灵活就够了。

第五章　校本研修
——乡村教师专业发展的远行之力

第二，作者在遇到新问题而苦思冥想时，读到了一本相关书籍，并从中获得了重要的启发，然后指导自己的工作取得新的突破。这个事例给了我继续前行的勇气，使我认识到不管身处何职，所做何事，都会在前行的路上碰到各种各样的困难，遇到各种各样的瓶颈。这时，我们不必过于着急，以致失了方寸，只要用心寻找相关的文章、书籍，总能从别人的成长过程中找到类似的经历，并得到一些启发或找到解决问题的方法。

在"教学即创造"这一辑中，作者精选了10本书籍里的若干事例，每个事例里的教师都在探索教学，每个人的做法都不一样，但最终都形成了成功的案例，因为每种做法都促进了学生的进步和成长。所以，他们在教学，也在创造；他们的方法不一，但都来自内心、来自爱；他们都在思考问题，发现问题，并找到合理的方法去解决问题。所以，教学即创造。下文为部分事例。

1. 让学生喜欢的诀窍

以下摘录原文中作者提到的两种让学生喜欢的诀窍。

诀窍一：自己先变成孩子

本节内容里有这样一句话："无论在任何地方行走，于永正都要求自己不将手倒背起来。"读到这句话时我很惭愧，因为自己总是喜欢将手倒背起来，摆出一副班主任的架子，以为能对学生产生威慑。我现在才明白，这样做毫无意义。作为班主任，我更应该与自己的学生融洽相处，而不该故意拉开距离，形成所谓的威严，让学生怕自己。相反，只有当学生感觉到班主任也是班级的一员，他们才能放心地与班主任交流，班主任对他们的影响力、说服力才更大。

诀窍二：遵循教育的规律

本节内容里有这样一段话："于永正对学生写字的要求很高，但他的要求不是体现在一个字写多少遍上,而是体现在书写正确与否上。孩子如果初学写字时的笔顺和间架结构出了问题,后面再要改正就非常困难了。"这段叙述使我认识到教师的重要性在哪里,教师要知道所传授内容的重点在哪里。所谓重点,我觉得应该是关乎学生长远发展的一些东西。教师不能仅仅将目光停留在眼前,而应该为学生的以后成长打算,这样才能使自己的教育发挥最大的作用。

2. 用心写就的成长故事

作家史沃普在第一节写作课上,告诉孩子们:"文字也会觉得寂寞的,它们会悄悄地让你把其他的文字放在它们旁边。"他从"很久"开始展开这节课的内容,学生很容易地在寂寞的"很久"一词后面,配上了"很久以前"。……就这样,他使一群对写作备感苦恼的孩子迫不及待地想要把自己熟悉的一个个词汇搭配在一起。这个案例使我很惊讶,有时我很苦恼,没办法让学生很好地完成他们不喜欢的作业,现在看到作家史沃普的做法,我突然明白,只要教师找对方法,学生就会迸发无限的创造力。

3. 第56号教室的文化场

本节内容中讲到了当下孩子们不愿意努力学习的问题:"在年轻一代看来,很多东西都能轻易获取。这样的事实让他们不愿意去面对需要付出努力的事情。"看来,对于孩子的成长而言,一切都来得太容易并非绝对的好事,比如互联网,比如快餐……所以,培养孩子的坚持精神、刻苦精神必不可少。雷夫在他的教学活动中运用阅读和远足活动来解决这些问题,很值得我们学习和借鉴。关于阅读,我一直觉得我们辛苦教给学生的,远不如他们自己阅读得来的印象深刻;关于远足,学生亲身经历、靠自己的意志力走到终点时的那种感觉,是教师通过任何口头说教都无法使其感受到的。

第五章 校本研修
——乡村教师专业发展的远行之力

4. 如何构建以学生为中心的课堂

本节内容中讲道:"到一个新的环境,难免会有很多的不适和恐惧感,我们最希望的就是有一张地图,可以按图索骥,找到自己想去的地方。"这段话使我想到上公开课或者参加赛课时,经常会遇到冷场的现象,这是因为这种新环境给人带来不适感和恐惧感,如果授课教师能在上课的前几分钟用自己的办法消除学生的这些感觉,给学生一张"地图",让他们明确地知道自己该往哪里走,就不至于出现冷场的情况了。

5. 教师和学生说话的艺术

本节中提到了一个案例,一个孩子向老师哭诉自己站在大厅里时被一个高年级的孩子打了头,老师听后说:"我每天都站在大厅里,怎么没有人来打我?"这句话我好像也说过很多次,当学生向我告状时,我的第一反应不是相信他、理解他,而是怀疑他,这种怀疑的原因是我从自己的立场出发,觉得不可能发生这样的事,而并没有去考虑学生的处境。所以,读了这个案例后,我对自己的质问、怀疑、语言暴力感到惭愧,决心以后一定加以改正。本节中还提到了"听"与"说"的重要性。这让我想到了这样一句话:"听懂了是骗人的,说出来才是自己的。"所以,对教师来说,听学生说比自己说更重要;对学生来说,则是自己说比听教师说更重要。教师要懂得"听"的艺术,学生要懂得"说"的价值。

6. 转化"问题生",你可以这样做

本节中钟杰老师针对"问题生"的转化采用的方法很让我感动,他用耐心、细心去了解学生,用爱心、宽容去走进学生的心灵。这些让我看到了希望,使我意识到,只要愿意,我们可以走进每一个学生的心里,拯救他的一生。

7. 了解学生是教育的前提

本节中苏明进老师要求学生每天写两篇短文的做法给了我很大启

发，我们可以学习借鉴这种方式。通过这种方式，可以加深对学生动态的了解。语言的沟通可以使心与心更贴近。反之，心与心的距离太远，则是因为语言沟通不到位。所以，我很喜欢苏老师的这种做法，这种做法对班主任工作会有很大的帮助。

以名师工作室为平台构建乡村教师专业发展研修共同体——核心引领、取长补短模式。师资力量存在区域不平衡、城乡不平衡、校际不平衡和群体不平衡等现象，应基于"承认差异，尊重异质"的原则，以优质师资为圆心，以乡村教师专业发展为导向，集聚不同类型、不同层次但志趣相投、目标一致的城乡教师，构建"名师引领、团队合作、资源共享、优势互补、共生共长"的向心式城乡教师专业发展共同体，即名师工作室。名师工作室可以体现名师的思想高度、专业深度、学术力度，紧密联结一批志存高远、倾心教育的教师，形成群贤毕至、少长咸集、开放共享、多元共进、抱团发展的教师研训新格局，这也是对传统师徒结对式的"传帮带"教师成长模式的突破。

新校本研修下的名师工作室以乡村学校为基地，有效对接乡村教师的校本研修。对于县域名师工作室来说，一般情况下，大多数工作室的主持人都来自城区优质学校，并且很多工作室的活动基地设在城区学校，即使乡村教师成为工作室的成员，往往也很难成为发展主体。在共享、共生、共赢理念的引领下，县域名师工作室以乡村学校作为主要研修基地，缩短了乡村教师专业发展的空间位差和心理距离，促使乡村教师的专业成长持续、深刻地嵌入团队，这样可以有效缓解乡村教师工作与研修之间的矛盾和解决研训中空间与文化阻隔带来的"脱域"问题。在名师工作室乡村基地建设的前提下，工作室的活动内容也与校本研修进行了衔接，因为工作室的活动内容既不能与校本研修内容形成同质化，也不能脱离校本研修中教师专业发展的实际问题和校本研修所产生

第五章　校本研修
——乡村教师专业发展的远行之力

的教育教学成果。名师工作室的活动应积极主动地与乡村学校的校本研修对接，二者形成"美美与共，和而不同"的共栖关系。乡村学校是名师工作室发展的沃土，乡村教师专业发展中存在的问题是名师工作室的焦点和关注点，是开展研修活动的问题之源，而名师工作室先进的教育教学理念、行之有效的教学实践智慧以及和衷共济的团队精神，可以消解乡村学校校本研修中的一些共性问题，也可以使乡村教师走出教育教学理论的误区，以及改变教研习性和教学惯性。以下是老庙小学的张老师在名师工作室引领下的专业成长叙事。

区小学语文名师工作室成立时，因机缘巧合，主持人热情地邀请我加入，我当时也正处在求发展而无路的情况中，因此当即毫不犹豫地答应了，并从此与主持人成了伙伴。加入工作室之后，因为有带头人的引领，有伙伴们的帮助，我的成长速度较以前要快上许多。

名师工作室开展的第一个阶段的活动是共读一本书。我们共读的第一本书就是佐藤学的《静悄悄的革命》。我刚读起来时感觉挺难坚持的，常常在读了一章之后回过头思考时，脑子里仍是一片空白。工作室爱读书、会读书的人很多，我在他们的引领下参加了几次读书交流活动。我也算是个勤学的人，性格里又有一股韧劲儿，我不允许自己在刚开始就落在伙伴们后面。所以，每一次读书时，我都会强迫自己读得细致、再细致，与大家交流时我也尽量联系自己的教学实际说说想法。经过几期的活动，我渐渐地能够领略书中的精髓了，也能够尝试着用书中的理论去指导自己的行动。书中最有诗意的一个词可能就是"润泽教室"了，佐藤学先生描述的润泽教室是这样的：教师和学生都不受束缚，大家安心地、轻松自如地构筑着人与人之间的关系；在这种关系中，即使耸耸肩膀，拿不出自己的意见来，每个人的存在也能够得到大家自觉的尊重，得到承认。你看，这个境界多么美妙啊！所以，当我再遇到学生跟不上集体步伐的情况时，就会少一些急躁，会想到与他构建一种信赖的关系，陪伴他学习，等待他成长，这样教室里就多了一些和谐。

当课堂上发出不同的声音时，我的第一反应不是制止或者不理睬，而是用从书中学来的第二个词——"倾听"。倾听是一切教育的开始，它远比发言更重要，这是一种能力，是一种习惯，更是一种品质，它是构建润泽教室必不可少的一个环节。当真的弯下腰或者静下心倾听的时候，你会发现孩子的世界比你想象的更奇妙，课堂的生成也比你预设的更精彩。

在组织孩子学习时，我常常对他们说："自己不会的可不要忘了去找你的伙伴帮忙哦！"我也会经常与家长沟通孩子的情况，适时传递我的理念，让他们参与班集体的活动，有家长做依托，教学工作自然会更加省力。这些都是我从书中"学习共同体"一词中得到的启示。

工作室除读书外，还开展了许多其他活动，如同课异构、优秀课例研讨，通过这些活动，我每次都有不同程度的提升。其中的两次磨课活动中，我是最直接的受益人。当接到工作室的通知，让我准备一节综合实践活动课的时候，我连综合实践活动的概念都不完全清楚，不知如何下手，这毕竟是一个以前没有尝试过的课程。不过，既然大家给了我这么多的鼓励，我也就不再有其他想法了，而是静下心来去思索如何出色地应对这次挑战。首先就是着手查找有关综合实践活动的理论知识，因为理论是指导行动的基础。接下来是分析学情，因为这是选题的关键。学生需要的就是我们要做的，实现帮助学生成长是开展综合实践活动的最终目的。然后是选择开展活动的方式、设计活动的环节等。由于前期准备工作做得扎实，专家和老师们对我指导学生开展的综合实践活动给予了充分的肯定，同时提出了诸多好的改进建议。在市级综合实践活动优质课评比中，该课例获得了一等奖。

第五章　校本研修
——乡村教师专业发展的远行之力

如果说之前的综合实践活动评比是我初次感受到成长的阵痛和喜悦的经历，到铜陵参加全省名师工作室联盟小学语文教研活动就使我进一步感受到了破茧的痛和美。参加这次活动的每一个工作室都需要打造一节展示课，我所在的工作室给了我这个机会。这是一份沉甸甸的责任，也是一份深沉的信任，我必须全力以赴，为自己，也为工作室。

"磨课"这个词用得真传神。那种面面俱到，那种细致入微，非"磨"这个字不足以表达。每一次观课之后，大家都会针对这节课提出各自的见解。

不久，工作室一行人来到了美丽的铜陵，我们见到了许多以前只能在媒体上看到的名师。我既对此次活动充满憧憬，又在心里忐忑难安：我多么想让参会的老师和专家们从我的课上品尝到我们阜阳语文的风味，多么想让他们了解到名师工作室对小学语文优质教学的执着追求。

晚上十一点时，我仍然在床上辗转反侧，教学的流程在我脑海中一遍遍地过，我反复思量着每一个细节。教研活动的第一节就是我的展示课，面对学生的时候，我反而不紧张了，完全沉浸在课堂之中。在课后的评课交流环节中，专家及与会教师都给了我很高的评价，这也成为我未来专业成长的动力之源。

参考文献

[1] 中华人民共和国教育部. 义务教育课程方案（2022年版）[M]. 北京：人民教育出版社，2022.

[2] 中华人民共和国教育部. 普通高中地理课程标准（2017年版2020年修订）[M]. 北京：人民教育出版社，2020.

[3] 韦志榕，朱翔. 普通高中地理课程标准解读（2017年版2020年修订）[M]. 北京：高等教育出版社，2018.

[4] 中华人民共和国教育部. 义务教育地理课程标准（2022年版）[M]. 北京：北京师范大学出版社，2022.

[5] 中华人民共和国教育部. 义务教育语文课程标准（2022年版）[M]. 北京：北京师范大学出版社，2022.

[6] 中华人民共和国教育部. 义务教育数学课程标准（2022年版）[M]. 北京：北京师范大学出版社，2022.

[7] 中华人民共和国教育部. 义务教育历史课程标准（2022年版）[M]. 北京：北京师范大学出版社，2022.

[8] 威金斯，麦克泰格. 追求理解的教学设计：2版[M]. 闫寒冰，宋雪莲，赖平，译. 上海：华东师范大学出版社，2017.

[9] 王玉萍. 评价与教学[M]. 北京：北京师范大学出版社，2023.

［10］夏征农，陈至立. 辞海：第 6 版缩印版［M］. 上海：上海辞书出版社，2010.

［11］约翰 B. 比格斯，凯文 F. 科利斯. 学习质量评价：SOLO 分类理论［M］. 高凌飚，张洪岩，译. 北京：人民教育出版社，2015.

［12］王月芬. 重构作业：课程视域下的单元作业［M］. 北京：教育科学出版社，2021.

［13］张丰. 聚焦任务的学习设计：作业改革新视角［M］. 北京：教育科学出版社，2023.

［14］中共中央 国务院印发《深化新时代教育评价改革总体方案》［EB/OL］.［2020-10-13］. https://www.gov.cn/gongbao/content/2020/content_5554488.htm.

［15］陆国栋，张力跃，孙健. 终结一本教科书统治下的教学［J］. 高等工程教育研究，2015（1）.

［16］许驰，陈庆章. 课堂教学内容重构的原则与方法［J］. 高等工程教育研究，2018（4）.

［17］程志. 教师需要学会"倾听"：兼论"倾听教育"的现实意义及其实践性导向［J］. 新课程评论，2023（12）.

［18］柳夕浪. 综合素质评价改革的"三个转向"［J］. 中国教育学刊，2021（4）.

［19］杜荣贞. 深化区域基础教育质量评价改革的六大策略［J］. 中国基础教育，2022（11）.

［20］陈思骐，丁宇. 大数据时代基础教育评价改革的新样态［J］. 基础教育课程，2024（11）.

［21］熊新惠. 教育评价领域的新方法与新趋向［J］. 中国考试，2024（10）.

［22］崔允漷，夏雪梅."教—学—评一致性"：意义与含义［J］. 中

小学管理，2013（1）.

［23］周文叶，毛玮洁. 表现性评价：促进素养养成［J］. 全球教育展望，2022，51（5）.

［24］林崇德. 思维是一个系统的结构［J］. 宁波大学学报（教育科学版），2006（5）.

［25］王月芬. 作业，提升教育质量的关键领域［J］. 未来教育家，2020（9）.

［26］陈静. 实现小学数学作业设计与评价的增值［J］. 教育研究与评论（小学教育教学），2021（1）.

［27］左明旭，王彦伟."教—学—评"一致性视野下的小学数学作业讲评［J］. 福建教育，2024（6）.